RADIUS BÜCHER

Kurt Marti

Die Psalmen 107–150

Annäherungen

Die Deutsche Bibliothek – CIP-Einheitsaufnahme
Marti, Kurt:
Die Psalmen 107–150: Annäherungen / Kurt Marti. –
Stuttgart: Radius-Verl.
(Radius-Bücher)

ISBN 3-87173-876-X

Umschlag: André Baumeister
Gesamtherstellung: Clausen & Bosse, Leck
Printed in Germany

Zu diesem Buch

Mit dem Begriff »Theopoesie« hoffe ich die Psalmen genügend deutlich von dem abgehoben zu haben, was heutzutage »religiöse« Lyrik (oder Dichtung, oder Poesie) heißt. Die Kategorie des »Religiösen« ist keine biblische Kategorie. Religion als *ein* Phänomen neben anderen Phänomenen, religiöse Poesie somit als eine spezielle Gattung zu betrachten, wäre von der Antike bis zur Romantik als unsinnig und absurd empfunden worden. Erst das sektorielle Denken des Industriezeitalters drängte die Rede von Gott in gesellschaftliche Nischen ab und machte aus der Theopoesie das Nischenphänomen »religiöse Lyrik«.

Die Psalmen sind alles andere als Poesie in einer religiösen Nische. Sie reden, singen vom Dasein in all seinen sozialen und individuellen Aspekten. Daß sie es »coram Deo«, in der Gegenwart Gottes tun, ist selbstverständlich, denn zu ihrer Zeit war alles Leben »religiös«, d. h. auf Gott oder Götter bezogen. Insofern ragt die biblische Theopoesie als ganzheitlicher Fremdkörper in unser zersplittertes Bewußtsein hinein. Das macht die Psalmen einerseits unzeitgemäß, andererseits durchbricht just diese Unzeitgemäßheit die Kategorien unseres Zeitgeistes, so daß Milan Machovec sagen konnte, selbst für ihn, den Atheisten, seien die Psalmen »dynamische Beschreibungen seiner persönlichen Situation im 20. Jahrhundert« und deshalb »phantastisch aktuell«.

Mit diesem vierten Band finden meine »Annäherungen« an die Psalmen ihren Abschluß. Falls einige Leserinnen und Leser von der Annäherung zur inneren Aneignung des einen oder anderen Psalmes weitergehen, wäre dies der schönste Lohn meiner Arbeit.

Kurt Marti

Psalm 107

1 Danket dem Herrn, denn er ist freundlich,
ja, ewig währt seine Huld!
2 So sollen sprechen die Erlösten des Herrn,
die er aus der Gewalt von Drangsal befreit hat,
3 die er zuhauf aus den Ländern holte
vom Aufgang und vom Niedergang,
vom Norden und vom Süden.
4 Die in der Wüste irrten, in der Ödnis,
den Weg zur bewohnten Siedlung nicht fanden,
5 hungrig und durstig,
ihre Kehle verschmachtet,
6 die zum Herrn schrieen in ihrer Not,
und die er aus ihrer Drangsal errettete,
7 sie auf den richtigen Weg führte,
so daß sie zur bewohnten Siedlung gelangten –
8 die sollen dem Herrn danken für seine Huld
und für seine Wunder an den Menschen,
9 daß er die lechzende Kehle getränkt,
den hungrigen Gaumen mit Gutem gelabt hat!
10 Die da saßen in Finsternis und Todesschatten,
gefesselt in Elend und Eisen,
11 weil sie Gottes Wahrsprüchen getrotzt
und den Rat des Höchsten verachtet hatten,
12 er aber beugte durch Qualen ihr Herz,
sie stürzten, doch war kein Helfer da,
13 und dann schrieen sie in ihrer Not zum Herrn,
der sie aus ihrer Drangsal befreite,
14 aus Finsternis und Todesschatten führte
und ihre Fesseln zerriß –
15 die sollen dem Herrn danken für seine Huld
und für seine Wunder an den Menschen,
16 daß er die ehernen Türen aufgebrochen,
die eisernen Riegel gesprengt hat!

17 Die (in Krankheit) schmachteten wegen frevlen Wandels,
gequält von ihren Vergehen,
18 so daß ihrem Gaumen alle Nahrung zum Greuel wurde
und sie den Pforten des Todes schon nahe waren,
19 und die dann zum Herrn schrieen in ihrer Not,
der sie aus ihrer Drangsal errettete,
20 der sein Wort sandte und sie heilte,
sie unversehrt der Grube entkommen ließ –
21 die sollen dem Herrn danken für seine Huld
und für seine Wunder an den Menschen,
22 die sollen Dankopfer darbringen
und mit Jubel seine Taten erzählen!
23 Die das Meer in Schiffen befuhren,
über große Wasser hin Handel trieben,
24 die dort die Taten des Herrn gesehen
und seine Wunder in der Tiefe,
25 doch er sprach und bestellte den Sturmwind,
der seine Wogen hochauf hob
26 und sie himmelan stiegen, wirbeltief sanken,
so daß ihre Seele verzagte in der Not,
27 denn sie drehten und schwankten wie ein Trunkener,
mit all ihrer Weisheit wars zu Ende,
28 und die dann zum Herrn schrieen in ihrer Not,
der sie aus ihrer Drangsal herausführte,
29 indem er den Sturm zum Säuseln stillte,
so daß die Wogen sich legten,
30 und sie sich freuten, daß es stille geworden,
und er sie zum Hafen ihres Wunsches leitete –
31 die sollen dem Herrn danken für seine Huld
und für seine Wunder an den Menschen,
32 sollen ihn erheben in der Versammlung des Volkes,
im Rate der Ältesten ihn preisen!
33 Er macht Ströme zur Wüste,
Oasen zu Ödland,
34 fruchtbares Land zur Salzsteppe
ob der Bosheit der darauf Siedelnden.

35 Er macht Wüste zum Wasserteich,
dürres Land zum Quelland.
36 Er siedelt dort Hungernde an,
die wohnliche Städte gründen,
37 Felder besäen, Weinberge pflanzen,
deren Frucht zur Ernte reift.
38 Er segnet sie, sie mehren sich sehr,
und ihr Vieh mindert sich nicht.
39 Werden sie aber dezimiert und gebeugt
unter der Last von Unglück und Kummer,
40 schüttet er Verachtung aus über die Vornehmen,
läßt sie sich in wegloser Wildnis verirren.
41 Den Armen aber erhebt er aus dem Elend
und schafft ihm Nachkommen, herdengleich.
42 Die Bewährten sehen es und freuen sich,
alle Bosheit muß ihr Maul verschließen.
43 Wer weise ist, merke sich dies!
Zu Herzen nehme man sich die Gnadentaten des Herrn!

I

Die einen überleben, die andern nicht. Die Überlebenden danken Gott und preisen ihn. Die nicht überlebten, danken und preisen Gott nicht. Nach altisraelischer Auffassung gehören Danken und Loben zur Liturgie der Lebendigen und des Lebens. Die Toten feiern keine Liturgie, danken und preisen nicht mehr (vgl. Psalm 88,11–13): »Loben und nicht mehr loben stehen einander gegenüber wie Leben und Tod.« (Gerhard von Rad)

Ist der Dank Überlebender jedoch nicht ein zutiefst fragwürdiger, impliziert er unausgesprochen doch auch den Dank dafür, daß der Tod andere, nicht jedoch die Dankenden holte? Ist z. B. Überlebenden des Holocaust die Vergegenwärtigung der Ermordeten nicht zu Recht wichtiger als das Danken für die eigene Errettung? Ja, liefe ein solcher Dank – erst recht, wenn er in ein Gotteslob münden würde – nicht auf eine innere Preisgabe der Nicht-Erretteten hinaus? So, als ob sie auch von Gott preisgegeben worden wären? Fragen über Fragen, mit denen zumal das 20. Jahrhundert uns konfrontiert, in dem Hunderte von Millionen Menschen durch Schreckensherrschaften, Kriege, Hunger ums Leben kamen und weiterhin kommen. Muß da nicht ein jeder, der überlebte, sich verdächtigen, auf irgendeine Weise Komplize, mindestens jedoch Nutznießer ungeheurer Verbrechen gewesen zu sein? Kann, wer diese Zusammenhänge nicht verdrängen will, für die eigene Verschontheit Gott noch danken, ihn dafür sogar loben? Muß er nicht eher mit dem jüdischen Denker Emmanuel Lévinas zur Einsicht gelangen: »Die Frage par excellence oder die erste Frage lautet nicht: ›Warum gibt es Sein und nicht vielmehr nichts?‹, sondern: ›Habe ich ein Recht auf das Sein?‹« Bin ich, weil noch da, nicht längst im Begriff, »schon im Da des Daseins den Platz eines anderen zu besetzen und so ganz konkret ihn zu vertreiben, ihn zu den elenden Lebensbedingungen in einer ›Dritten‹ oder ›Vierten Welt‹ zu verurteilen, ihn zu töten«? Es ist – nach allem, was wir heute wissen *müssen* – schwerer geworden zu danken, weil so viel Dank für die eigene Bewahrung oder Errettung zu viel Schweigen miteinschließt über das Leiden und Sterben anderer.

Nein, der 107. Psalm enthält noch keine derartigen Fragen, Überlegungen. Einige heutige Psalmleserinnen und -leser werden von ihnen aber beunruhigt. Sie beargwöhnen ihr Danken als unverbindlich, weil sie spüren, daß aller Dank leer bleibt, wenn ihm kein Ethos und kein Handeln der Solidarität mit jenen Lebenden und Toten entspricht, die nichts zu danken haben resp. hatten. Gerade der unabdingbare Zusammenhang zwischen Kult und Ethik, zwischen Danken / Loben und solidarischem Verhalten und Handeln wird in den Psalmen stets von neuem unterstrichen (vgl. zu Psalm 15; 52; 99).

2

Wer Gott danken will, wird und kann dies nicht in einem fort tun. Darum gab es, gibt es Dankfeste der Gemeinde, die den einzelnen an das erinnern, wofür er danken darf. In den Versen 1–32 haben wir die Liturgie eines solchen Dankfestes vor uns. Sie ruft Menschengruppen mit verschiedenartigen Not- und Errettungserfahrungen zum Danken auf: diejenigen, die sich in einer Wüste verirrten, dann aber wieder zurückfanden (4–9); diejenigen, die aus harter Gefangenschaft freikamen (10–16); diejenigen, die lebensgefährlich erkrankten und wieder gesund wurden (17–22); diejenigen, die als Seefahrer Meeresstürme heil überlebten (23–32). Später ist dieser Dankliturgie der Hymnus 33–43 beigefügt worden, der sich auf die nachexilische Wiederbesiedelung des verödeten Landes beziehen dürfte.

Der Psalm macht deutlich: gedankt wird im nachhinein, *nach überstandener Not.* In der Notsituation selbst können die Gefährdeten, Verstörten nur zu Jahwe »schreien« (6.13.19.28). Der Dankfestpsalm erinnert die Erretteten an dies einstige Schreien und an die erlebte Rettung. Oft wird beides erfahrungsgemäß bald wieder vergessen, ja mehr noch: wird möglichst rasch und danklos verdrängt. Die Dankfeste wirkten solchem Vergessen, Verdrängen entgegen. Daß im Deutschen »Dank« ein Verbalnomen zu »denken« ist, macht erst recht bewußt: wer denkt, denkt auch daran, wofür er zu danken hat. Und ebenso: wer dankt, denkt an das, was er heilvoll erfahren hat.

3

Vers 1 gibt das Stichwort: »Danket Jahwe!« Adressaten des Aufrufs sind zunächst pauschal alle, die Jahwe aus Drangsalen befreit hat (2), dann speziell jene, die er aus der Diaspora des Exils zurückholte (3). In 4–9 werden, falls die Verse ursprünglich vorexilisch waren, einst verirrte Wüsten- und Karawanenreisende angesprochen oder, falls sie nachexilisch sind, Rückkehrer aus dem Zweistromland, die sich in der syrisch-arabischen Wüste verlaufen hatten. Die Verse 10–16 rufen Menschen auf, die als Angeschuldigte oder auch schon Verurteilte einst in einer finsteren Schlammwasserzisterne (12: »stürzten«; vgl. Jeremia 38,6; Sacharja 9,11) oder in einem Kerker (16: »eherne Türen«, »eiserne Riegel«) als Gefangene schmachten und fürchten mußten, nicht lebendig davonzukommen (10.14: »Todesschatten«). In den Versen 17–22 werden einst lebensgefährlich Erkrankte zum Danken aufgefordert. Zugleich wird ihnen warnend in Erinnerung gebracht, daß sie »wegen frevlen Wandels« krank und »gequält« waren (17; vgl. Psalm 32,1–5; 38,3–11 und zahlreiche ähnliche Stellen) – eine alte israelitische Vorstellung, von der freilich nicht ganz klar ist, ob sie sich auf alle Krankheitsfälle oder auf einen bestimmten Teil von ihnen erstreckte. Ursprünglich vielleicht pauschal auf alle, in späterer Zeit nicht mehr so pauschal? Zweifellos aber glaubte man, daß Gesundheit gut (vgl. 1. Mose, 1,31) und Gottes Schöpfungswille, Krankheit dagegen eine Störung des göttlichen Schöpfungshandelns sei, die auf menschliches Fehlverhalten zurückgehe. Zur Zeit Jesu waren solche Vorstellungen und damit der vermeintliche Kausalzusammenhang zwischen Sünde und Krankheit noch immer ein populäres »Dogma«, das Jesus selbst jedoch ablehnt (Johannes 9,2/3). Die Verse 23–32 schließlich appellieren an Seereisende, die einst in (höchst anschaulich geschilderte!) Sturmnot geraten, dann aber durch Jahwes barmherziges Eingreifen errettet worden waren. Allerdings war es, so die Aussage, Jahwe selbst, der den nachher gestillten Sturm (29) erst einmal entfesselt hat (25). Soll die Sturmnot damit vielleicht ebenfalls, wie vorher die Erkrankungen, in einen ursächlichen Zusammenhang mit Fehlverhalten und Schuld der Schiffspassagiere gerückt werden? Vom traditionellen christlichen Dogma allgemeiner Sündhaftigkeit her müßte man dazu anmerken: Dann, ach, müßten ja wohl jederzeit alle Transportmittel in lebensgefährliche Situationen geraten... Nur eben: die Lehre von der Sündenverderbnis der menschlichen Natur überhaupt findet sich in den Psalmen und in der hebräischen Bibel so nicht (allenfalls erste Ansätze dazu, deren Interpretation jedoch unsicher bleibt, vgl. zu Psalm 51). Sünde galt nicht als eine Grundbefindlichkeit des Menschen, sondern als jeweils konkrete Tat des Ungehorsams und des Zuwiderhandelns gegen Gottes Gebote.

4

Im später angefügten Hymnus 33–43, der sich auf die Wiederbesiedlung des Landes nach dem Exil zu beziehen scheint, fallen die Verse 39–41 auf. Nach Jahwes Strafgericht, das Juda der Eroberung und Verwüstung preisgab (33/34), soll und wird für Menschen, Land und Vieh eine neue Segenszeit einsetzen (35–38). Doch wie, wenn der verheißene Aufschwung durch neues Unglück, neuen Kummer beeinträchtigt wird (39)? Dann wird Jahwe – dies die überraschende Ankündigung! – höchst politisch und revolutionär reagieren: er schüttet »Verachtung aus über die Vornehmen, läßt sie sich in wegloser Wildnis verirren«. (40), d. h. er entmachtet sie, schickt sie in die Wüste! Damit wird klargestellt: wenn jetzt Unglück über das Volk kommt, ist dies nicht eine Schikkung oder ein Strafgericht Jahwes, sondern eine Folge des schuldhaften Versagens der herrschenden Schicht, der »Vornehmen«. Der Psalm versucht somit deutlich zu scheiden zwischen göttlicher und menschlicher Verantwortlichkeit. Wenn es den Armen jetzt noch schlecht geht, sollen die Machthaber und Reichen dafür büßen müssen, denn *sie* stellen sich dem Segen und dem Gedeihen *aller* in den Weg. »Den Armen aber erhebt er (Jahwe) aus dem Elend und schafft ihm Nachkommen, herdengleich.« (41) Die alte Gewißheit also: Gott ist und bleibt der Anwalt und Helfer der Armen, der sie »aus dem Elend« aufrichtet – zum wieder aufrechten Gang (vgl. Psalm 113,7; 1. Samuel 2,8; dazu auch Lukas 6,20.24)! Die Zaddikim, die Bewährten und Gebotstreuen, die redlich und bescheiden blieben, »sehen es und freuen sich« (42). In ihrer Freude dürfte Dankbarkeit dafür mitschwingen, daß Jahwe die nicht im Stich ließ, die wenig oder keinen Grund mehr zum Danken hatten.

Psalm 108

1 Ein Lied. Ein Psalm Davids.
2 Fest ist mein Herz, Gott,
fest ist mein Herz!
Ich will singen und spielen.
Wach auf, meine Ehre!
3 Wach auf, Leier und Harfe!
Ich will das Morgenrot wecken!
4 Unter den Völkern will ich dir danken, Herr,
dir spielen vor den Nationen.
5 Denn groß ist deine Huld bis zum Himmel,
deine Treue bis zu den Wolken!
6 Schwinge dich über die Himmel, Gott,
über alles Erdreich deine Herrlichkeit!
7 Damit deine Freunde befreit werden,
hilf mit deiner Rechten! Erhöre uns!
8 Gott hat gesprochen in seinem Heiligtum:
»Frohlocken will ich, will Sichem verteilen,
will die Tiefebene von Sukkoth vermessen!
9 Mein ist Gilead, mein auch Manasse!
Ephraim ist meines Hauptes Helm,
Juda mein Zepter!
10 Moabs Meer ist mein Waschbecken!
Auf Edom werfe ich meinen Schuh!
Jauchzen will ich über das Philisterland!«
11 Wer bringt mich nach der festen Stadt?
Wer geleitet mich bis nach Edom?
12 Hast du, Gott, uns nicht verstoßen,
zogst du nicht aus mit unseren Scharen?
13 Schaffe uns Hilfe vor dem Bedränger,
denn Wahn nur ist Menschenhilfe!
14 Mit Gott werden wir Machttaten tun,
er ist's, der unsere Bedränger zerstampft.

In den Versen 2–6 begegnen wir wiederum Psalm 57,8–12, in 7–14 noch einmal Psalm 60,7–14. Das heißt: zwei Textstücke aus verschiedenen Psalmen sind später zu einem neuen Psalm zusammengefügt worden. Warum das? Geschah die Zusammenstellung zu einem bestimmten liturgischen Zweck? Paßten die beiden Teile vielleicht chorisch-musikalisch gut zusammen? Oder glaubte ein Tempelschreiber, durch die Zusammenfügung eine neue Aussage oder Perspektive gewinnen zu können, z. B. in einer politisch inzwischen veränderten Situation? Wir wissen es nicht, können Motiv und Sinn der Zusammenstellung nicht erraten. Zum Text im einzelnen kann deshalb nur auf die Annäherungen zu den Psalmen 57 und 60 zurückverwiesen werden.

Psalm 109

1 Dem Chorleiter. Von David. Ein Psalm.
Gott meiner Preisung, schweige nicht,
2 denn einen Mund voll Frevel,
einen Mund voller Trug
haben sie aufgetan gegen mich!
Mit falscher Zunge reden sie mit mir,
3 mit Worten voll Haß umringen sie mich,
befehden mich ohne Grund.
4 Für meine Liebe befeinden sie mich,
während ich für sie bete.
5 Sie vergelten mir Gutes mit Bösem
und meine Liebe mit Haß:
6 »Man unterstelle ihm einen Frevel,
ein Verkläger trete auf zu seiner Rechten!
7 Aus dem Gericht gehe er als Frevler hervor,
sein Gebet werde ihm zur Schuld!
8 Seiner Tage seien wenige,
sein Amt übernehme ein anderer,
9 seine Kinder sollen Waisen werden,
seine Frau eine Witwe!
10 Umherschweifen sollen seine Kinder und betteln,
verjagt aus ihren Trümmerstätten.
11 Der Wucherer soll alles, was sein ist, behändigen,
Fremde sollen die Frucht seines Fleißes plündern!
12 Niemand sei, der ihm (noch) Wohlwollen bewahre,
und niemand, der sich seiner Waisen erbarme,
13 seine Nachkommenschaft falle der Vernichtung anheim,
(schon) im nächsten Geschlecht sei ihr Name erloschen!
14 Die Schuld seiner Väter bleibe im Gedächtnis,
und die Verfehlung seiner Mutter werde nie getilgt!
15 Allezeit seien sie dem Herrn vor Augen,
daß er ihr Andenken ausrotte von der Erde!
16 Denn er dachte nicht daran, Huld zu erzeigen,

statt dessen verfolgte er einen elenden und armen Mann,
einen, der im Herzen bis zum Tode verzagt war.
17 Er liebte den Fluch – so komme er über ihn!
Segen mißfiel ihm – so bleibe er ihm fern!
18 Er kleidete sich in Fluch wie in seinen Rock –
so dringe er wie Wasser in ihn hinein,
wie Öl in seine Gebeine!
19 Er sei ihm wie ein Gewand, in das er sich hüllt,
wie ein Gürtel, den er sich umlegt!«
20 Dies ist die Tat meiner Verkläger
und derer, die Böses gegen mich reden.
21 Du aber, Herr, mein Gott,
handle an mir um deines Namens willen!
Nach der Güte deiner Huld errette mich,
22 denn ich bin elend und arm
und mein Herz ist durchbohrt bis zuinnerst hinein!
23 Ich schwinde dahin wie ein Schatten, wenn er sich neigt,
bin wie eine Heuschrecke, die man abschüttelt.
24 Meine Knie schlottern vom Fasten,
mein Fleisch schrumpft, ist ohne Fett.
25 Ja, ich bin ihnen zum Hohn geworden,
sie sehen mich an und schütteln den Kopf.
26 Hilf mir, Herr, mein Gott,
errette mich nach deiner Huld!
27 Und laß sie erkennen, daß dies deine Hand ist,
daß du, Herr, es getan hast!
28 Sie mögen fluchen, du aber wirst segnen!
Meine Widersacher seien in Schande,
dein Knecht aber soll sich freuen dürfen!
29 Meine Verkläger sollen sich in Schmach kleiden müssen
und ihre Schande als Mantel um sich ziehen.
30 Ich will dem Herrn sehr danken mit meinem Mund,
inmitten der Menge ihn preisen.
31 Denn er steht dem Armen zur Rechten,
um ihn vor den Richtern seines Lebens zu retten.

I

Das große Mittelstück des Psalms (6–19) zitiert ausführlich eine Fluchrede, die den Beter »anklagte«. Die Fluchrede als magische Rede war aber mehr als Anklage, sie war bereits auch Verurteilung und Urteilsvollstreckung, setzte sie doch eine immanente Nemesis in Gang, die den Verfluchten ohne Dazwischentreten einer allenfalls gnädig modifizierenden Instanz dem Verderben, ja der Vernichtung ausliefern sollte. »Und wenn in Vers 15 Jahwe nicht bittend in Du-Form angesprochen wird, sondern im unpersönlichen ›er‹, wird selbst die Gottheit zum bloßen Vollzugsorgan der übergeordneten Dynamik des Fluchs degradiert. Die (All-)Macht des Tragischen, der im homerischen Mythos selbst die olympische Götterwelt nicht gewachsen ist, erscheint hier im jüdischen Kontext.« (Stephan Wyss) Die Verfluchung soll jedenfalls den Angeklagten vor Gericht als schuldig erweisen (6/7) und ein Todesurteil bewirken (8/9). Hernach soll der Besitz des Hingerichteten seiner Witwe und den Kindern genommen werden (10/11), ja, die Nachkommen sollen ebenfalls vernichtet werden (13).

Die Fluchrede scheint im Rahmen eines sakralen Rechtsverfahrens vorgetragen worden zu sein. Dieses fand seinen Abschluß in einem Gottesurteil, das definitiv über Schuld oder Unschuld des Angeklagten entschied. Das Verfahren dürfte sich im Tempel abgewickelt haben. Dabei hatten sich der oder die Ankläger an die rechte Seite des Angeklagten zu stellen (vgl. Sacharja 3,1) – im Patriarchat ist die rechte Seite bedeutsam geworden, in der matrizentrischen Kultur war es die linke Seite gewesen. Vermutlich erhob der Psalmbeter seine Klage ebenfalls im Tempel, in Erwartung des Gottesurteils. Der erbarmungslosen Fluchmagie kann er einzig seine flehentlichen Bitten zu Jahwe (21.26–28) entgegensetzen, geht es für ihn doch um Leben oder Tod!

2

Doch welchen Vergehens ist der Beter bezichtigt worden? Als Inhaber von Amt (8) und Macht soll er einen elenden, armen Mann gnadenlos verfolgt und verflucht haben (16). Deswegen fordert die Fluchrede für ihn eine Äquivalent-Strafe: »Er liebte den Fluch – so komme er über ihn! Segen mißfiel ihm – so bleibe er ihm fern!« (17) Hat der Angeklagte sein Amt hartherzig ausgeübt, mindestens aber in einem Fall einen Elenden in Verzweiflung, vielleicht sogar in den Tod getrieben, weshalb auch für ihn die Todesstrafe gefordert wird? Jedenfalls ist die Situation für einmal anders als sonst in den Psalmen. Vor Gericht steht diesmal nicht, wie meist üblich, ein Armer und Elender, sondern ein bis vor kurzem offenbar Angesehener und Mächtiger. Wogegen seine Ankläger und Verflucher eher Arme und Elende gewesen sein dürften; »man ist sogar geneigt, ihrer Not zu glauben, mehr als dem Beter, der sie Heuchler und Lügner schimpft (Verse 2f.) – Worte, die Potentaten gegen ihre Feinde stets leicht von der Zunge gehen.« (Stephan Wyss) War der Beter so unschuldig vielleicht nicht? War seine »Liebe« (4/5) zu denen, die von ihm und seinem »Amt« abhängig waren, denn doch nicht über jeden Zweifel erhaben? Warum kommt derjenige, dem Unrecht geschah, nicht auch selber zu Wort? Ist er tatsächlich nicht mehr am Leben? Wir wissen es nicht, wissen zuviel nicht, um uns ein Urteil erlauben zu können. Darauf kommt's freilich auch nicht an. Inzwischen nämlich ist – durch Anklage, Verfluchung und das in Gang gekommene Rechtsverfahren, eventuell auch durch den Verlust des »Amtes« – der Mächtige selbst ohnmächtig, arm und elend geworden (22.31), es hat gleichsam ein Rollentausch stattgefunden. Ist dadurch der einst Mächtige, möglicherweise auch Schuldige, bereits genug gestraft? Sein Herz jedenfalls »ist durchbohrt bis zuinnerst hinein« (22), er ist entkräftet bis zu fast schon todgezeichneter Schattenhaftigkeit (23/24), ein (Hohn-)Bild des Zerfalls (25). Und jetzt »wird *ihm* Recht und Rettung geschehen, weil *er* in der Situation des Ohnmächtigen auf die vorgegebene Figur des Widerspruchs zu verzichten vermag, aufs ausschließlich feindbezogene, totale Verdikt. Freilich, in Vers 20 erliegt er wie die anderen der Versuchung, den Spieß umzudrehen; wie sie spricht er von Jahwe in der dritten Person. Doch dann wird der Diskurs ein völlig anderer. Das ›du‹ tritt an die Stelle des gegenständlichen ›er/es‹ und setzt im selben Augenblick das ›ich‹: Statt der Verdammung dessen, der hilflos macht, wird das Eingeständnis der eigenen Hilflosigkeit laut; der bannende und gebannte Blick auf den Unterdrücker wendet sich auf die eigene Situation der Unterdrücktheit« (Stephan Wyss), d. h. der Beter erkennt, daß er nur noch Opfer, nichts als Opfer ist und sein Weiterleben nicht mehr von ihm abhängt. So erfährt er, was er als Amts- und Machtinhaber bisher nie hat erfahren müssen, was er höchstens von außen her oder von oben herab an andern hat beobachten können. Er erleidet die totale Preisgegebenheit und damit das Schicksal all derer, die nichts mehr haben als ihre eigene Hilflosigkeit. Was soll da noch das Ritual der Fluchmagie?

3

Der Beter, schwach und schlotternd (23/24) das Urteil über Leben und Tod erwartend, schreit: »Hilf mir, Herr, mein Gott!« (26) Indem er zu Gott schreit, bricht er aus dem Teufelskreis magischer Verfluchungen und Gegenverfluchungen aus. Gewiß möchte er seine Widersacher und Verkläger beschämt sehen (28), nimmt deren Bild vom Fluch-Kleid (18/19) auf und gibt's ihnen, leicht variiert, zurück (29). Aber das nun nicht mehr auf der Ebene einer magisch beschworenen, automatisch zermalmenden Nemesis! Seine Wünsche sind Bitten, sind an Jahwe gerichtet, der sich seit jeher dem Bereich und den Praktiken der Magie entzogen (vgl. zu Psalm 8), dafür um so dezidierter Partei ergriffen hat für die Hilflosen und Elenden. Zu ihnen gehört jetzt auch der Beter. Er hofft, daß nach dem Verkläger (vgl. 6) Jahwe selbst für ihn in die Schranken, d. h. zu seiner Rechten treten wird, »um ihn vor den Richtern seines Lebens zu retten«. (31) In dieser Formulierung wird die Frage hörbar: Können, dürfen Menschen überhaupt über Leben und Tod eines anderen richten, ihm allenfalls das Leben absprechen? Wird damit nicht ein Recht, das Gott allein zusteht, usurpiert? Dennoch ist die Todesstrafe in Israel weiterhin praktiziert worden, sogar gegen ungehorsame Kinder (5. Mose 21,18–21).

4

»Die Kleinen hängt man, die Großen läßt man laufen.« Für einmal aber zeigt Psalm 109 den umgekehrten Fall. Ein (mindestens relativ) Großer soll, geht es nach dem Willen der Verkläger, »gehängt« werden (in Israel allerdings keine übliche Hinrichtungsart – man stach nieder, pfählte oder steinigte vor allem). Ob es zu einem Todesurteil kam oder ob Jahwe als höchster Rechtswahrer und Richter das Flehen des Angeschuldigten gehört hat, wissen wir nicht. Geblieben ist uns der Psalmtext. Unerbittlicher Rache- und Vergeltungsjustiz setzt er Jahwes Erbittlichkeit entgegen. Zumal für eine Entscheidung über Leben und Tod traut er Gott und seinem noch ausstehenden Urteil jedenfalls größere Kompetenz und auch Humanität zu als dem Urteil von Menschen. Zeichnet sich hier in erstem Umriß vielleicht schon die spätere talmudische Einsicht ab: »Verurteile nicht deinen Nächsten, so lange du nicht an seine Stelle gelangt bist« (Pirke Aboth 7 A)? Vergegenwärtigt diese Einsicht uns Christen nicht alsbald Jesus, der das Richten ablehnte (Lukas 12,14; Matthäus 7,1/2), sich dem Schicksal des Gerichtetwerdens jedoch stellte?

Psalm 110

1 Von David. Ein Psalm.
Spruch des Herrn für meinen Herrn:
»Setze dich zu meiner Rechten,
bis ich deine Feinde hinlege
als Schemel zu deinen Füßen!«
2 Der Herr strecke das Zepter deiner Macht aus
vom Zion her!
Übe Macht aus inmitten deiner Feinde!
3 Um dich her (stehen) Würdenträger
am Tag deiner Macht.
»Auf heiligen Bergen,
aus dem Schoß des Morgengrauens,
kam deine Sohnschaft nieder wie Tau.«
4 Geschworen hat der Herr,
und es reut ihn nicht:
»Du bist ein Priester für immer,
nach der Art Melchisedeks!«
5 Der Herr ist dir zur Rechten,
an seinem Zorntag zerschmettert er Könige.
6 Unter Völkern hält er Gericht,
mit Leichen füllt er die Täler,
zerschmettert Schädel auf offenem Feld.
7 Er (= der König) trinkt aus dem Bach am Weg,
darum erhebt er das Haupt.

»Kein Psalm hat in der Forschung so viele Hypothesen und Diskussionen ausgelöst wie der 110. Psalm.« (Hans-Joachim Kraus) Als ein fast archaisch anmutendes Konglomerat von Orakelsprüchen (1a.3b.4b), Wünschen (2), Zeremonialszenarios (3a, vermutlich auch 7), Visionen (5/6) bleibt der Text schwer zu enträtseln. Immerhin gilt als wahrscheinlich, daß er sich auf das Ritual eines Festes bezieht – doch auf welches? Vielleicht auf die Inthronisation eines Königs? Oder auf ein königliches Zionsfest, das, im Rahmen des großen Jahresfestes im 7. Monat (vgl. 1. Könige 8,2) gefeiert, »gleicherweise ein Fest der Gründung des Heiligtums wie der Gründung des Königtums war. Jahwe hatte den Zion als Ort seiner Ruhe erwählt, der Zion war aber auch der Ort des Thrones seines Gesalbten. Jahwes Thron und Davids Thron waren nicht voneinander zu trennen, ja, sie waren, wenn man an Psalm 110,1 denkt, eigentlich eines.« (Gerhard von Rad)

Im ersten Orakelwort (1a) ruft Jahwe den König auf den Ehrenplatz zu seiner Rechten, d.h. der Monarch wird »auf den Thron der Königsherrschaft Jahwes über Israel« (1. Chronik 28,5;29,3), somit auf Jahwes eigenen Thron (2. Chronik 9,8) berufen und soll damit Anteil an Jahwes Siegesmacht bekommen (2.3a).

Anders das zweite Orakelwort (3b). Es spricht nicht von einer Berufung oder Adoption des Königs zum »Sohn Gottes« (vgl. Psalm 2,7), sondern von dessen »himmlischer« Herkunft. Von Anfang an gehörte der Monarch zur göttlichen Sphäre, die hier mit »heiligen Bergen« umschrieben ist. Ursprünglich war damit der mythische Götterberg im Norden, der Ort der Götterversammlung, gemeint. Die jerusalemische Tradition hat diese Vorstellung aber auf den Berg Zion übertragen (vgl. zu Psalm 48,3). Auf dem Götter- resp. Gottesberg schienen Erde und Himmel zusammenzufließen, »Gottesberg« und »Himmel« wurden bald Synonyme. Zumeist auch galt der Kultort, z.B. ebenfalls der Tempel in Jerusalem, als Abbild der göttlich/himmlischen Sphäre. Ihr soll der König entstammen, was die mythische Metapher von seiner Geburt »aus dem Schoß des Morgengrauens« (oder: der Morgenröte) unterstreicht. Wie »Tau« sei er aus ihm hernieder und zur Welt gekommen. Ein poetisches Bild? Oder schimmert hier noch die einst z. B. in Phönizien und Ugarit teils beliebte, teils gefürchtete Göttin der Morgenröte hindurch (vgl. auch Jesaja 14,12) und damit der alte matriarchale Mythos von der Geburt des Heros durch die Große Göttin? Wie auch immer: der zweite Orakelspruch spricht dem König himmlisch-göttliche Herkunft zu.

Im dritten Orakelwort (4) wird dem König das Amt eines Priesters »für immer, nach der Art Melchisedeks« übertragen. Melchisedek war der vorisraelitische Priesterfürst von Salem (1. Mose 14,18) zur Zeit Abrahams, eine urbildlich gebliebene Gestalt, deren Würdeglanz das Orakel entweder auf David selbst oder auf einen späteren König der davidischen Dynastie überträgt. Wörtlich heißt Melchisedek »König der Gerechtigkeit«. Wie stark die Melchisedek-Überlieferung gewesen und geblieben ist, geht auch daraus hervor, daß der Hebräerbrief, diesen Psalmvers zitierend, Christus als »Hohenpriester nach der Art Melchisedeks« bezeichnet (Hebräer 5,10).

Dem dritten Orakelwort folgt in den Versen 5 und 6 eine Vision von Jahwes Siegesmacht, in der sich Vorstellungen des Heiligen Krieges mit kruden Bildern eines Völkergerichts verbinden.

Durfte sich der zum »Sohn« Jahwes gesalbte König mindestens theoretisch zur Weltherrschaft berufen fühlen (vgl. Psalm 2,7/8)? »Im Hinblick auf das jüdische Königtum läßt sich wohl vermuten, daß die Auffassung des Königs als des die Weltherrschaft Jahwes auf Erden repräsentierenden ›Sohnes‹ Gottes einen konkreten Herrschaftsanspruch artikuliert, der in der Entstehungssituation des davidischen Großreiches für einen weltgeschichtlichen Augenblick als sinnvoll erscheinen konnte und von den Nachfolgern Davids als verpflichtende Erinnerung festgehalten wurde.« (Wolfhart Pannenberg) Daß Davids Großreich in der Neuzeit wiederum zu einem

Leitbild israelischer Politik geworden ist, beruht allerdings auf einer Verkennung historischer Fakten. Denn »das Staatsgebilde, das damals entstand, war nicht so sehr ein israelitischer Großstaat als vielmehr ein Großstaat Davids« (Martin Noth), aufgerichtet und aufrechterhalten mit einer Söldnertruppe, »die keineswegs nur israelitisch, sondern vermutlich sehr bunt zusammengesetzt war« (Martin Noth), eine Art Fremdenlegion. Das Großreich selbst umfaßte nicht nur die israelitischen Stämme, sondern auch zahlreiche Vasallenvölker. Somit war es alles andere als ein Nationalstaat im europäischen oder zionistischen Sinn. Ethnisch handelte es sich um ein pluralistisches Gebilde, zusammengehalten allein von der Person und Macht des Königs.

Der letzte Psalmvers (7) scheint zunächst eine Episode aus dem Kampfgeschehen wiederzugeben: der König, partizipierend an Jahwes Siegeswirken, erlabt und stärkt sich zwischenhinein aus einem Bach am Weg. Vielleicht aber wird hier auch auf einen Akt im Zeremoniell der Königssalbung angespielt, die nach 1. Könige 1,38–40 am Gihon-Bach stattfand, der am Fuß des alten Stadthügels entsprang und seit alters her als Lebensquell galt.

2

Der Psalm gibt, wie gesagt, den Forschern viele Rätsel auf. Heutige Leserinnen, Leser werden sich vor allem aber fragen, was ihnen diese Königsideologie noch soll?

Das Zentralheiligtum in Jerusalem – erneut sei daran erinnert! – war eine königliche Gründung und blieb königliches Eigentum. Priester und Tempelpersonal wurden vom König entlöhnt (solange es in Jerusalem Könige gab). Das dürfte auf Orakelworte wie die hier wiedergegebenen abgefärbt haben.

Kurz vor der Jesus-Zeit mündete die alte, von den geschichtlichen Realitäten desavouierte Königs-Ideologie in die frühjüdischen Messias-Vorstellungen. »Man kann deshalb nur mit einer gewissen Zurückhaltung von einer ›alttestamentlichen Messiaserwartung‹ sprechen oder auch von messianischen Aussagen im AT (›Weissagungsbeweis‹), da die einschlägigen Texte zur judäisch-jerusalemer Königs-Ideologie gehören, auch da noch, wo sie die Hoffnung einer Restauration des davidischen Königtums nach dem babylonischen Exil zum Ausdruck bringen.« (Josef Blank) Der historische Wurzelgrund des eigentlichen jüdischen Messianismus ist die Krisenzeit zwischen der hellenistischen Religionsverfolgung unter Antiochus IV. Epiphanes und dem Ende des Bar-Kochba-Aufstandes, also zwischen 175 vor Christus und 135 nach Christus. Mitten in dieser Zeitepoche ist Jesus aufgetreten, sind die christlichen Gemeinden entstanden.

Die jüdische Messiashoffnung hat ebenso wie die neutestamentliche und christliche Tradition die Bilder des 110. Psalms fortan *messianisch* gedeutet (vgl. Matthäus 22,41–45 par.). Trotzdem hielt die christliche Staatstheorie noch jahrhundertelang an der Lehre fest, wonach allein die Monarchie die gottgewollte und christlich legitime Herrschaftsform sei – eine Auffassung, die zwangsläufig wiederum auf die Gottesvorstellung zurückwirkte! »Der größte theologische Konkurrent entstand der Monarchie in der reformierten ›Bündnis‹-Theologie. Hier hatte Gott im *Volk* einen Bündnispartner; und von dieser ›faederation‹ (altengl.) wurde die Bündnisfähigkeit des Volkes begründet. Das Volk ist versammelte Vernunft und kann selbst als Handelnder auftreten, indem es einzelne oder Gruppen für politische Segmente delegiert.« (Walter Magass) Das *Volk* als Bündnispartner Gottes: das geht auf die andere große Überlieferung der hebräischen Bibel zurück, die *vor* dem Königtum da war und sich auch *neben* der Königsideologie gehalten hat. Von der Vorstellung des *erwählten Volkes* führt eine Linie zur Vision des *messianischen Volkes* oder, wie heute oft in der Befreiungstheologie Lateinamerikas, des Volkes als einer messianischen Inkarnation. Die neutestamentlichen Gemeinden freilich bezogen die Aussagen über das erwählte und heilige Volk (vgl. zu Psalm 89!) konkret – und fern jeder »demokratischen« Schwärmerei! – auf die Gemeinde des Auferstandenen (vgl. z. B. 1. Petrus 2,9). Ihm, dem Messias Jesus, stünde der Königstitel allenfalls zu, doch entzog gerade er sich der Ausrufung zum König (Johannes 6,15), und die Angabe »Jesus, der König der Juden« fand sich schließlich als Schuldzuweisung und Verspottung zugleich am Kreuz, über dem Gekreuzigten (Matthäus 27,37 par.; Johannes 19,19–22). Vom »König« Jesus Christus kann deshalb nur in einem buchstäblich gebrochenen Sinn gesprochen werden, abseits aller Königsideologien und sogar in hartnäckig stillem Widerspruch zu ihnen sowie zu jedweder Sakralisierung weltlicher oder kirchlicher Hierarchien. Die Bedeutung »König«, die im Begriff »Messias« mitschwingt, transzendiert deshalb paradox und insofern subversiv bisherige Königtümer.

Die Frage, ob Jesus Christus tatsächlich der Messias war, scheidet Juden und Christen nach wie vor voneinander. Sowohl für die Anerkennung wie für die Ablehnung seiner Messianität gibt es gute Gründe. Da rationale Argumente die Streitfrage nie werden entscheiden können, dürfte man gut daran tun, dem Rat Franz Rosenzweigs zu folgen: »Ob er (– Jesus Christus –) der Messias *war*, wird sich ausweisen, wenn – der Messias *kommt*.«

Psalm 111

1 Hallelujah!
Ich will den Herrn preisen von ganzem Herzen
im Kreis der Frommen und der Gemeinde.
2 Groß sind die Taten des Herrn,
erfahrbar für alle, die Lust haben an ihnen.
3 Hoheit und Glanz ist sein Tun,
und seine Gerechtigkeit besteht auf ewig.
4 Ein Gedächtnis seiner Wunder hat er gestiftet.
Gnädig und barmherzig ist der Herr.
5 Nahrung gab er denen, die ihn fürchten,
auf ewig gedenkt er seines Bundes.
6 Die Macht seiner Taten tut er kund seinem Volk,
da er ihnen das Eigentum der Völker gab.
7 Die Taten seiner Hände sind Treue und Recht,
verläßlich sind all seine Gebote,
8 fest stehen sie für immer und ewig,
zu vollbringen in Treue und Redlichkeit.
9 Erlösung sandte er seinem Volk,
hat seinen Bund für immer bestellt.
Heilig ist und furchtbar sein Name.
10 Anfang der Weisheit ist die Furcht des Herrn,
Einsicht, die gut ist für alle, die danach tun.
Auf ewig besteht sein Ruhm.

I

Im Kreis von Tempelbesuchern (1) preist der nachexilische Psalmist Jahwes große Geschichtstaten (2). Dabei spielt er an auf die Speisungswunder während des Wüstenzuges (5; vgl. 2. Mose 16; 4. Mose 11), auf die Übergabe des Landes, das im Eigentum kanaanäischer Stämme war, an die eingewanderten Stämme Israels (6), sowie auf die Gabe des Gottesrechts (7), dessen Sinn sich in seiner redlichen Befolgung erweist (8).

Zum Gottesrecht gehörte, daß Jahwe das Land seinem Volk zur Nutznießung gab, sich das Eigentumsrecht jedoch vorbehielt (vgl. zu Psalm 24,1): »Grund und Boden darf nicht für immer verkauft werden, denn das Land ist mein, und ihr seid Fremde und Beisassen bei mir.« (3. Mose 25,23) Von daher gab es für Israel kein »eigenes« Land. Nur selten ist in der hebräischen Bibel deshalb vom »Land Israel(s)« (Eretz Iisrael) die Rede, genaugenommen sechsmal (1. Samuel 13,19; 1. Chronik 22,2; 2. Chronik 2,17; 34,7; Ezechiel 40,2; 47,18). Die vier anderen Stellen (2. Könige 5,2; 6,23; 2. Chronik 30,25; Ezechiel 27,17) beziehen den Begriff nur auf Nordisrael. Daß Jahwe sich als Eigner des geschenkten Landes verstand, macht das Diktum Josua 24,13 ebenfalls deutlich: »Ich gab euch ein Land, um das ihr euch nicht abgemüht, und Städte, die ihr nicht gebaut und doch zum Wohnsitz bekommen habt; ihr eßt von Weinbergen und Ölbäumen, die ihr nicht gepflanzt habt.« Mit anderen Worten: Israel hatte keinen Rechtsanspruch auf das Land, empfing dieses vielmehr als Gabe und Lehen Gottes, des einzig legitimen Landeigentümers, dessen Geschichtstaten zugleich Rechtstaten (6), Rechtssetzungen waren. Seine Gebote fordern dazu auf, sie »zu vollbringen in Treue und Redlichkeit« (8). Das jedoch heißt: »Nicht das Land bringt dem Volk Segen, sondern das Vertrauen auf den Gott des Rechts, der Gerechtigkeit und des Erbarmens« (Naim Stifan Ateek), der allezeit die Rechte der Gebeugten, Unterdrückten, Verfolgten vertritt.

Jahwes Geschichts- und Rechtstaten sind im Tempelkult stets von neuem wieder vergegenwärtigt worden. Ja, man kann wohl sagen: die grundgeschichtlichen Ereignisse sind hauptsächlich durch das Kultgeschehen und auch durch die Kultpoesie von einer Generation zur anderen tradiert worden. Im gottesdienstlichen Geschehen wurden Jahwes frühere Heilstaten vergegenwärtigt, um sich seiner zukünftigen Bundestreue zu vergewissern. »Geschichte wird zur Gegenwart, und Gegenwart wird Bestandteil der Geschichte« (Schalom Ben-Chorin), somit auch der Zukunft. Die vormaligen großen Ereignisse konnten so nicht zur bloß noch archivierbaren Historie werden. Später schärfte die Haggada z. B. für die Passah-Nacht ein: »In jeder Generation betrachte sich der Mensch, als sei er selbst aus Ägypten ausgezogen.« In der Zuwendung zu Gott werden die Zeiten – Vergangenheit, Gegenwart, Zukunft – gleichsam durchlässig füreinander. Gemeinsam verkünden sie, was für immer feststeht: Gottes Treue und Recht (7), seine Erlösung, seinen Bund, seinen heiligen und furchterregenden Namen (9).

2

Den Psalm beschließt ein Spruch im Geiste der Weisheitsliteratur: »Anfang der Weisheit ist die Furcht des Herrn.« (vgl. Hiob 28,28; Sprüche 1,7; 9,10; 15,33) »Im Judentum ist … die ›Gottesfurcht‹ oder die ›Ehrfurcht vor dem Himmel‹ fast gleichbedeutend mit dem Wort ›Religion‹.« (Abraham J. Heschel) Nachdenklich macht, daß der Begriff »Furcht Gottes« im Vokabular des Juden Jesus offensichtlich fehlte, aber auch, daß er in den neutestamentlichen Briefen auftaucht, um z. B. Sklaven zum Gehorsam gegen ihre Besitzer (Kolosser 3,22; 1. Petrus 2,18) und Christen zur Ehrerbietung gegenüber dem römischen Kaiser (1. Petrus 2,17) anzuhalten!

Götter- oder Gottesfurcht ist in den meisten Religionen eine Reaktion auf die Übermacht und Unfaßbarkeit der Götter resp. Gottes. Etwas von diesem Erschauern, Erzittern (»mysterium tremendum«) bleibt auch in Vers 9 noch spürbar: »Heilig und furchtbar ist sein Name.« Und doch: »Der deus absconditus, der verborgene Gott (nicht zu reden vom absurden Gott), ist eine zutiefst unjüdische Vorstellung. Unsere Lehre, die Thora, beruht darin und besteht darauf, daß wir Gott verstehen können, nicht vollständig natürlich, aber etwas von ihm – von seinem Willen, seinen Absichten und sogar von seinem Wesen, denn er hat es uns kundgetan.« (Hans Jonas) Der Holocaust hat das Vertrauen in Gottes Verstehbarkeit allerdings zutiefst erschüttert, hat die Furchtbarkeit seines Namens (9) von neuem erwiesen.

Doch selbst *nach* dem Holocaust glaubt Abraham J. Heschel, daß im hebräisch-jüdischen Begriff der Gottesfurcht die Ehr-Furcht die Furcht zurückgedrängt hat, ja: »In gewissem Sinn ist ›Ehrfurcht‹ die Antithese zu ›Furcht‹.« Darin folgt Heschel Hermann Cohen, der Gottesfurcht ebenfalls schon als Gottes-Ehrfurcht interpretiert und das entsprechende Verbum »fürchten« sogar mit Gott »ehr-fürchten« übersetzt hatte. Heschel definiert Ehrfurcht als einen »Akt der Einsicht in einen Sinn, der größer ist als wir selber«. Freilich sieht diese Definition von den Schrecken des Holocaust ab, bezieht sich eher auf die Welt und das Sein im Ganzen, denn: »Der Anfang der Ehrfurcht ist das Staunen, und der Anfang der Weisheit ist die Ehrfurcht.«

Psalm 112

1 Hallelujah!
Glücklich der Mann, der den Herrn fürchtet,
an seinen Geboten große Lust hat!
2 Sein Name wird eine Autorität im Lande,
das Geschlecht der Rechtschaffenen wird gesegnet.
3 Wohlstand und Überfluß sind in seinem Hause,
und seine Gerechtigkeit hat für immer Bestand.
4 In der Finsternis erstrahlt dem Rechtschaffenen ein Licht,
mild und barmherzig ist der Wahrhaftige.
5 Gut steht's um den Mann, der schenkt und leiht
und seine Geschäfte nach dem Recht tätigt.
6 Fürwahr, er wird niemals wanken.
Ein bleibendes Gedenken wird dem Bewährten zuteil.
7 Vor bösem Gerücht fürchtet er sich nicht,
fest ist sein Herz und vertraut dem Herrn,
8 getrost ist sein Herz, er fürchtet sich nicht,
bis daß er niederschaut auf seine Bedränger.
9 Er streut aus und gibt den Armen,
und seine Gerechtigkeit hat für immer Bestand,
sein Horn ragt hoch in Ehren.
10 Der Frevler sieht's und ärgert sich,
er knirscht mit den Zähnen und vergeht,
zunichte wird das Begehren der Frevler.

I

Ein später nachexilischer Psalm, verwandt mit Psalm 111 und wie dieser ein alphabetisches Lied, dessen Halbverse mit der Buchstabenfolge des hebräischen Alphabets beginnen, wahrscheinlich als Memorierhilfe (vgl. zu Psalm 34).

Wie in Psalm 1 wird glücklich gepriesen der Mann, der sich treu an Jahwe und seine Gebote hält (1). Wohlstand wird sein und seiner Nachkommen innerweltlicher Segenslohn sein (2/3; vgl. Psalm 1,3). Die Sprüche versprechen ebenfalls: »Der Lohn der Demut und Gottesfurcht ist Reichtum und Ehre und Leben.« (Sprüche 22,4) Wie die Sozialgeschichte seither gezeigt hat, eine nicht ungefährliche kausale Verknüpfung! Hier entspringt sie aber dem Glauben, daß Gottes Tun auf Wohlstand und Fülle gerichtet, Armuts*not* somit nicht gottgewollt, sondern allzuoft eine Folge menschlichen Mißverhaltens, menschlichen Unrechts ist. Darum hier und an die Adresse des Mannes, der damals allein handlungs- und handelsfähig war, der Befund: »Gut steht's um den Mann, der schenkt und leiht und seine Geschäfte nach dem Recht tätigt.« (5) Ihm wird bleibendes und dankbares Gedenken zuteil (6), böse Gerüchte braucht er nicht zu fürchten (7).

Was aber heißt: Geschäfte »nach dem Recht« tätigen? Dies z. B.: das Gewicht der Gewichtssteine nicht manipulieren! »Du sollst in deinem Beutel nicht zweierlei Gewichtssteine haben, einen größeren und einen kleineren.« (5. Mose 25,13; vgl. Sprüche 16,11) Ebenso sind Mogeleien mit Längen- und Hohlmaßen oder mit Waagschalen Jahwe ein Greuel (vgl. 3. Mose 19,35; Sprüche 11,1; 16,11; 20,10.23). In der vorexilischen Zeit übrigens scheinen die Israeliten den Handel weitgehend den Kanaanäern überlassen zu haben, weshalb auch noch in späteren Jahrhunderten der Händler »Kanaanäer« hieß (Hosea 12,8; Hiob 40,30; Sprüche 31,24). Im alltäglichen Kleinhandel waren selbstverständlich aber auch Israeliten tätig. Später warnt der Koran ebenfalls: »Wehe den Betrügern..., die weniger als das Maß geben, wenn sie etwas abmessen oder abwägen.« (Sure 83,1–3)

2

Zur Geschäftstätigkeit »nach dem Recht« gehörte ebenfalls das Verbot, Geld gegen Zins auszuleihen (2. Mose 22,25; 3. Mose 25,35–38). Allerdings nimmt 5. Mose 23,20 die Geldleihe an Nicht-Israeliten von diesem Verbot aus. Wogegen Ezechiel die Zinsnahme wieder generell und rigoros ablehnt: »Wer auf Zins leiht und Zuschlag nimmt, sollte der am Leben bleiben? Er wird nicht am Leben bleiben!« (Ezechiel 18,13) Ähnlich das Zinsverdikt in den Sprüchen: »Wer sein Vermögen vermehrt durch Zinsen und Aufpreis, sammelt es für den, der sich der Armen erbarmt.« (Sprüche 28,8) Weder Leben noch Vermögen eines Zinsnehmers haben Bestand. Wer jedoch »nach dem Recht« (5) handelt, u. a. also keinen Zins nimmt, dessen Gerechtigkeit und Ehre werden für immer Bestand haben (9). Als eine der Bedingungen für den Zutritt zum Heiligtum nennt der ältere Psalm 15,5 ebenfalls: »Wer sein Geld nicht auf Zins gibt... wird ewig nicht wanken.« (vgl. 6!) Wegleitend ist dabei die Auffassung, Geldleihe sei ein karitativer Akt. Man lebte noch nicht unter den Bedingungen der heutigen Kapital- und Kreditwirtschaft. Doch auch unter veränderten, d. h. nicht mehr nur naturalwirtschaftlichen Bedingungen, haben viele Väter der alten Kirche – Chrysostomus, Lactantius, Ambrosius, Augustinus, Gregor von Nyssa – das Zinsverbot erneuert und ihm für das Mittelalter zu kanonischer Autorität verholfen. Umgehungen waren freilich häufig, u. a. und paradoxerweise dadurch, daß man Zinsgeschäfte durch Juden abwickeln ließ, die sich hierfür auf 5. Mose 23,20 berufen konnten und außerdem auf diese Geschäfte oft angewiesen waren, weil ihnen verboten war, als Handwerker oder Bauern zu arbeiten. Die vollkommene Perfidie also! Juden tätigten Zinsgeschäfte für die Christen, die sich die Hände nicht schmutzig machen wollten durch Übertretung des kanonischen Zinsverbots, aber nicht davor zurückschreckten, bei erstbester Gelegenheit die Juden als zinsgierige Geschäftemacher zu denunzieren. Wenigstens *dieser* Perfidie und Heuchelei setzte der Fall des Zinsverbots ein Ende.

Das Zinsverbot lebte und lebt weiter im *Islam* (Koran, Sure 3,130). »Diejenigen, die Zins nehmen, werden (dereinst) nicht anders dastehen als wie einer, der vom Satan erfaßt und geschlagen ist... Gott hat das Kaufgeschäft erlaubt und die Zinsleihe verboten.« (Sure 2,275) Und, in einiger Nähe zu Psalm 112,5.9: »Gott läßt den Zins dahinschwinden, aber er verzinst die Almosen (mit seinem himmlischen Lohn).« (Sure 2,276) Heute noch wacht ein »Religious Board« genanntes Gremium streng über die Vereinbarkeit der Geschäfte islamischer (heute oft weltweit tätiger) Finanzinstitute mit den koranischen Grundsätzen. Die religiösen Überwacher müssen sich jedoch nicht mit vagen Richtlinien oder ethischen Empfehlungen begnügen. Sie haben die Kompetenz, die Bank- und Geschäftspolitik bis in einzelne Investitionsentscheidungen mitzubestimmen. Grundlage dieses »Islamic Banking« ist nach wie vor das koranische Zinsverbot. Investitionen und Geldverleih werden gebunden an einen vorab vereinbarten Anteil am Gewinn (Profit), sofern das Unternehmen oder das Projekt Gewinn abwirft. Im Falle des Verlustes verliert der Anleger sein Kapital anteilweise oder schlimmstenfalls ganz, ohne weiterhin Forderungen geltend machen zu können. Untersagt aber »sind Profite aus dem verliehenen Kapital, die regelmäßig in bestimmter fixer Relation zur Kapitalsumme und unabhängig vom Projekterfolg gezahlt werden müssen, also Zins im herkömmlichen Sinne«. (Hugh F. Lorenz: Islamische Finanzmodelle für den Westen. In: Basler Zeitung, 25.8.1987)

Kann und wird dieses islamische Bank- und Finanzmodell funktionieren? Nach dem globalen Sieg des westlichen Kapitalismus, dem sich Christenheit und Judentum längst schon unterworfen haben, bleibt es jedenfalls die zur Zeit einzige Alternative, attraktiv vor allem für Afrika und die übrige Dritte Welt, für die der Zins-Kapitalismus zum oft tödlichen System der Überschuldung und damit immer größerer Abhängigkeit geworden ist. Angesichts dieser Zusammenhänge setzt Psalm 112 – und nicht nur er allein! – ein Fragezeichen hinter die säkulare »Weltreligion« der Zinswirtschaft.

Psalm 113

1 Hallelujah!
Preiset, ihr Diener des Herrn,
preiset den Namen des Herrn!
2 Gesegnet sei der Name des Herrn
von jetzt an bis in Ewigkeit!
3 Vom Aufgang der Sonne bis zu ihrem Niedergang
sei gepriesen der Name des Herrn!
4 Über alle Völker erhaben ist der Herr,
und seine Herrlichkeit über die Himmel.
5 Wer ist wie der Herr, unser Gott,
im Himmel und auf Erden,
6 der in der Höhe thront
und herniederschaut in die Tiefe?
7 Der aus dem Staub aufrichtet den Geringen,
aus dem Kot den Armen erhebt,
8 um ihn thronen zu lassen bei den Edlen,
bei den Edlen seines Volkes.
9 Der der Unfruchtbaren Wohnung gibt im Haus,
sie zur fröhlichen Mutter von Söhnen macht.
Hallelujah!

1

Die Psalmen 113–118 bilden das »Hallel«, das die Juden in der Passahnacht singen, und zwar 113/114 zum zweiten Becher, 115–118 zum vierten und letzten Becher des Passahmahls (vgl. Matthäus 26,30; Markus 14,26). Doch ursprünglich waren diese wie alle Psalmen Lieder des jerusalemischen Tempelgottesdienstes. Darum dürfte es sich bei den »Dienern des Herrn« (1) um Priester oder Leviten gehandelt haben. Möglich auch, daß sie die hymnischen Stücke 1–4 und 5–9 im Wechsel gesungen haben. Jedenfalls gilt ihre Preisung dem »Namen« Jahwes (1–3), der im Tempel anrufbar, aber bildlos (weil in kein Bild zu fassen) gegenwärtig ist. »Nur weil der Name ›nur‹ ein Name ist, nichts mehr, kann er die Wandlungen in den Zeiten überstehen, über-›brücken‹, kann er zuletzt sogar das Meer der Weltgeschichte durchqueren.« (Manfred Voigts) Oder mit Franz Rosenzweig: »Alles andere war entweder, oder ist, oder wird sein. Der Name allein ist gestern, heute und morgen.«

Anrufung ist deshalb die adäquate Form, den Namen zu ehren und zu bezeugen. *An*rufung ist jedoch immer auch *Aus*rufung. Daß der Gottesname selbst von den Juden schließlich nicht mehr ausgesprochen und »der Name« zum Ersatzwort für Jahwe wurde, bringt – nach vielen geschichtlichen Enttäuschungen und Irritationen – die Ehrfurcht vor der souveränen Unverfügbarkeit des göttlichen Handelns zum Ausdruck, das »sich freie Bahn vorbehält, die freie Bahn von Erwählung und Verwerfung, von Gericht und Gnade, was gelegentlich auch bedeuten kann: Glorie für die andern und Niederlage für sich selbst.« (Kornelis Heiko Miskotte) Diese Zurücknahme des Gottesnamens ins Schweigen, Verschweigen, unterscheidet das Judentum vom Christentum und vom Islam. Insofern ist die These, im Christentum sei an die Stelle des Namens »Jahwe« der Name »Jesus Christus« getreten, nur bedingt vertretbar. Nie haben die Juden den Gottesnamen sozusagen auf ihre Fahnen geschrieben, das Christentum aber hat's mit dem Namen »Jesus Christus« getan. Noch heute oder heute wiederum wird der Name Jesu Christi missionarisch oder evangelistisch plakatiert und damit instrumentalisiert. Man hofft wohl auch, er übe eine suggestive, sogar magische Wirkung aus. Gerade davor schützt das Verschweigen den jüdischen Gottesnamen! Er bleibt vor missionarisch-imperialem Mißbrauch und, recht verstanden, auch vor fundamentalistischer Verdinglichung bewahrt, kann deshalb nicht zur bloßen Parole oder gar zum Schlag-Wort werden. Die *bewußte* Nichtverlautung seines Namens gibt Gott die Ehre, bezeugt seine unverfügbare Erhabenheit (vgl. 4). Dadurch macht sie den Ehrfürchtigen erst recht offen für (alte, neue) Offenbarung. Zugleich aber macht sie die unaufdringliche Universalität dieses Gottes bewußt. Nelly Sachs hat dafür ein Bild gefunden:

»Aber der Zusammenhang
liegt eingerollt
in der Gebetskapsel eines Frommen,
dem die Scherben gekittet wurden
mit der Gnade Wundbalsam –«

2

Kult, Gottesdienst, Glaube sind Segnung (2), Preisung des Namens »vom Aufgang der Sonne bis zu ihrem Niedergang« (3; vgl. Psalm 50,1; Maleachi 1,11). Gesegnet, gepriesen wird der über alle Völker (und ihre Religionen!) erhabene Gott. Doch was heißt »erhaben«, sogar »über die Himmel« (4) erhaben, wenn es von diesem Gott ausgesagt wird? Ungefähr das Gegenteil von dem, was »erhaben« in anderen Zusammenhängen bedeuten mag! Jahwes Erhabenheit besteht darin, daß er zwar »in der Höhe thront«, aber »herniederschaut in die Tiefe« (6). Das heißt weder »er schaut *von ferne* zu« noch »er ist *untätiger* Zuschauer«. Vielmehr signalisiert die Spannung Höhe-Tiefe ein Gefälle des Handelns, des Eingreifens (vgl. Psalm 138,6), in dem sich Jahwe erst eigentlich als

»erhaben« erweist: »Er greift in die Tiefe und zieht den Elenden empor (113,7–9). Diesem Erhöhen aber entspricht ein Erniedrigen: ›Er stößt die Gewaltigen vom Stuhl‹ (Lukas 1,52); und so kann sein Wirken zusammengefaßt werden: ›du erhöhst – du demütigst‹ (Psalm 18,28), so ist es ausführlich in Psalm 107,33–41 beschrieben.« (Claus Westermann) *Weil* Gott erhaben ist, richtet er den Geringen auf, erhebt »aus dem Kot« den Armen (7). *Weil* Gott erhaben, d. h. mit keiner sozialen Hierarchie identisch ist, läßt er die Armen und Elenden bei den Edlen thronen (8) und mitbestimmen – der Alptraum aller Vornehmen und Regierenden! *Weil* Gott erhaben ist, erbarmt er sich der Frau, die als unfruchtbar gilt und verschafft ihr Wohnung im Haus eines Mannes, macht sie »zur fröhlichen Mutter von Söhnen« (9). Ach ja, erneut darf man sich hier darüber ärgern, daß die Frau nur als Gebärerin von *Söhnen* genannt wird! Andererseits könnte Vers 9 als eine fast unmerkliche Korrektur patriarchaler Vorurteile interpretiert werden. Kinderlosigkeit galt im alten Israel, in der Antike überhaupt, als Demütigung, ja als Schande. Dabei wurde die Unfruchtbarkeit einzig und allein der Frau angelastet. Daß auch Männer unfruchtbar sein können, wollten die Männer selbst nicht wahrhaben. Hier scheint jedoch an einen Fall gedacht zu sein, wo die Frau im Zusammenleben mit einem ersten Mann kinderlos blieb (wie sonst könnte sie für »unfruchtbar« gehalten worden sein?), hernach aber im Haus eines anderen Mannes »fröhliche Mutter« wird, was doch wohl heißt, daß ihr erster *Mann* unfruchtbar war…

Jahwes Erhabenheit ist somit keine olympische Entrücktheit, ist schon gar nicht Erdenferne, Menschenferne – im Gegenteil und jesajanisch gesagt: »In der Höhe und als Heiliger throne ich *und* bei den Zerschlagenen und Demütigen, daß ich den Geist der Gebeugten belebe und das Herz der Zerschlagenen erquicke.« (Jesaja 57,15)

Psalm 114

1 Als Israel auszog aus Ägypten,
Jakobs Haus aus dem stammelnden Volk,
2 da wurde Juda sein Heiligtum,
Israel der Bereich seines Waltens.
3 Das Meer sah es und floh,
der Jordan wich rückwärts aus,
4 die Berge hüpften wie Widder,
die Hügel wie junge Lämmer.
5 Was hast du, Meer, daß du fliehst,
du, Jordan, daß du rückwärts ausweichst?
6 Was hüpft ihr Berge wie Widder,
ihr Hügel wie junge Lämmer?
7 Vor dem Antlitz des Herrn erbebe, o Erde,
vor dem Antlitz des Gottes Jakobs,
8 der den Felsen in einen Wasserteich wandelt,
einen Kiesel zum Wasserquell!

I

Der Psalm vergegenwärtigt eine Theophanie, eine Gotteserscheinung. Was ist darunter zu verstehen? Jahwe, Israels Gott, erschien nicht in der geschichtsfernen Art eines Naturphänomens (wie z. B. Sonne oder Mond »erscheinen«). Jahwes Erscheinen erfolgte meist als ein Herbeikommen (von einem Ort aus, der verschieden bezeichnet werden konnte), »dorthin, wo sein Volk in großer Not war, um seine Feinde zu vernichten« (Claus Westermann). Es galt mithin dem *Volk* insgesamt (Einzelnen meistens in ihrer Eigenschaft als Repräsentanten des Volkes). Im *geschichtlichen* Situationszusammenhang erschien Jahwe zugleich aber als Herr der *Natur*mächte! Das Deborah-Lied schuf dafür gleichsam das theopoetische Modell: »Jahwe, als du auszogst von Seir, / einherschrittest von Edoms Gefilde, / erbebte die Erde, troffen die Himmel, / ja, die Wolken troffen von Wasser. / Die Berge wankten vor Jahwe, / vor Jahwe, dem Gott Israels.« (Richter 5,4/5)

Ähnlich der Psalm: bei Israels Auszug aus Ägypten (1–3a; vgl. 2. Mose 14,21) und beim Einzug ins Land Kanaan (3b; vgl. Josua 3,14–16) gaben die »Wasserbarrieren«, erst das (Schilf-)Meer und später der Jordan, dem Volk den Weg frei (5), so daß es ans jeweils gegenüberliegende Ufer und damit in eine neue Zukunft ziehen konnte. Zugleich hüpften die Berge wie Widder, die Hügel wie junge Lämmer (4,6). Ist das mythische, mythopoetische Rede und Überlieferung? Immerhin liegt ihr ein historischer, im einzelnen freilich nicht exakt bestimmbarer Kern zugrunde. Sind am Ende die »hüpfenden Berge und Hügel ebenfalls eine kollektive Erinnerung an tatsächlich einst geschehene Erdbeben, vielleicht sogar an kontinentale Erschütterungen, wie Immanuel Velikovsky annimmt (vgl. zu den Psalmen 18; 29; 97)? Für den Psalm steht fest: Die Erde erbebte – am Schilfmeer; auch am Jordan? – »vor dem Antlitz Jahwes«, »dem Antlitz des Gottes Jakobs« (7). Er ist der Gebieter auch über alle Wasser, die er einmal in die Flucht zwingt (3,5) und das andere Mal, wo sie mangeln, aus trockenem Gestein hervorholt (8; vgl. die hier wohl angedeuteten Wasserwunder während des Wüstenzuges 2. Mose 17,1–7; 4. Mose 20,1–13; 5. Mose 8,15).

Doch wie nun? Ist Jahwe, wenn er erschien, tatsächlich sichtbar geworden, z. B. durch den Lichtglanz seiner Herrlichkeit? Oder bedeutet »Antlitz« (7) eine Präsenz und Zuwendung Jahwes, die aus dem ungewöhnlichen Benehmen von Meer und Jordan, von Bergen und Hügeln erschlossen werden konnte, wobei Jahwe selbst jedoch unsichtbar blieb, »denn kein Mensch bleibt am Leben, der mich sieht« (2. Mose 33,20)? Höchstwahrscheinlich dürfte dies letztere der Fall gewesen sein. Die Überlieferung der Sinai-Theophanie scheint den Modus von Jahwes Erscheinungsweise festgehalten zu haben: »Da tratet ihr herzu und standet unten am Berg; der Berg aber brannte lichterloh bis in den Himmel hinein bei Finsternis, Gewölk und Dunkel. Und der Herr redete zu euch mitten aus dem Feuer; den Schall von Worten hörtet ihr, nur einen Schall, doch eine Gestalt sahet ihr nicht.« (5. Mose 4,11 / 12) Wetter- und Naturereignisse begleiteten also die Gegenwart Jahwes und verhüllten sie zugleich. Diesem Offenbarungsmodus in der Wüste entsprach die Bauidee des Tempels (vgl. 1. Könige 8,12 / 13). In der dunklen, unzugänglichen »Cella« des sogenannten Allerheiligsten war Jahwe ebenso gegenwärtig wie verborgen. Jedenfalls ist der Gott, dessen einst grundlegende Heilstaten in »freier Natur« der Psalm poetisch-liturgisch nennt oder andeutet, derselbe, dessen Gegenwart und Zuwendung (»Antlitz«) im Tempel erfahren worden ist.

2

Wie alle Psalmen fragt auch dieser nach der Möglichkeit oder Unmöglichkeit heutiger Gotteserscheinungen (Theophanien). Oder stellt er am Ende unsere Wirklichkeitsnormen in Frage, die Theophanien nicht mehr zulassen wollen? Längst ja hat das neuzeitliche Wirklichkeitsverständnis alles »Religiöse« und damit auch eventuelle Theophanien resolut privatisiert, der unverbindlichen Privatsphäre zugewiesen. Unsere Art, die äußere Welt zu sehen, ist vollständig bestimmt vom Drang, sie zu beherrschen, zu kontrollieren. Andere Wahrnehmungen und Erfahrungen werden erst gar nicht zugelassen und deshalb von vornherein verdrängt. Wir leben und denken gemäß einer normativen, ja imperativen Wirklichkeitsvorstellung, die Gott bestenfalls noch zuläßt in der Gestalt und Karikatur eines normimmanenten, deshalb anpassungs- und leistungsfördernden Chef-Moralisten. Theophanie jedoch? Dafür läßt der neuzeitliche Wirklichkeitsbegriff nicht einmal einen Ansatz offen. Wer dennoch »davon spricht, Hölderlin etwa oder ihn auslegend Heidegger, muß konsequent nicht mehr nur auf ein einschlägiges Ereignis im Kontext unserer Wirklichkeit, sondern auf einen radikalen Wandel dieser Wirklichkeitsstruktur selber hoffen dürfen« (Hans Blumenberg). – Wo aber könnte – außer in den Köpfen, Seelen einzelner Dichter oder Denker – ein solcher Wandel sich abzuzeichnen beginnen? Als Gottesdienstgesänge markieren die Psalmen gestern wie heute *die gottesdienstliche Gemeinde* als den Ort eines möglichen Wandels vom Wirklichkeitsbegriff der Bemächtigung, Beherrschung, Kontrolle hin zu einer Wirklichkeitserfahrung, die offen ist für das, was sich der Bemächtigung, Beherrschung, Kontrolle entzieht.

3

Aber auch Psalm 114 verrät menschliche Beschränktheit und Überheblichkeit. Welcher Psalm täte das nicht? Diese Texte sind voller Menschen- und Zeitbedingtheiten und dennoch »gottdurchlässig« (Nelly Sachs). In 1 werden die Ägypter als »stammelndes Volk« bezeichnet: eine verächtliche Redeweise! (Vgl. Jesaja 28,11; 33,19) Das fremde Idiom wird nicht als Sprache, sondern als barbarisches Gestammel qualifiziert. Solche Verachtung des Fremden ist, wir wissen es, allezeit zum Ausgangspunkt ethnischer Superioritätsgefühle geworden.

Psalm 115

1 Nicht uns, Herr, nicht uns,
sondern deinem Namen gib Ehre,
um deiner Huld und Treue willen!
2 Warum sollen die Völker sagen:
»Wo ist denn ihr Gott?«
3 Unser Gott ist im Himmel,
alles, was er will, vollbringt er.
4 Ihre Götzen sind Silber und Gold,
Machwerk von Menschenhänden:
5 sie haben einen Mund und können nicht reden,
haben Augen und können nicht sehen,
6 haben Ohren und können nicht hören,
haben eine Nase und können nicht riechen,
7 haben Hände und können nicht greifen,
haben Füße und können nicht gehen,
auch geben sie keinen Laut mit ihrer Kehle.
8 Ihnen werden gleich, die sie machten,
alle, die ihnen vertrauen.
9 Haus Israel, vertraue dem Herrn!
Er ist ihre Hilfe, ihr Schild.
10 Haus Aarons, vertraue dem Herrn!
Er ist ihre Hilfe, ihr Schild.
11 Die ihr den Herrn fürchtet, vertraut dem Herrn!
Er ist ihre Hilfe, ihr Schild.
12 Der Herr hat unser gedacht, er wird segnen!
Er segne das Haus Israel!
Er segne das Haus Aarons!
13 Er segne, die den Herrn fürchten,
die Kleinen und die Großen!
14 Der Herr wolle euch mehren,
euch und eure Kinder!
15 Gesegnet seid ihr vom Herrn,
der Himmel und Erde gemacht hat.

16 Der Himmel ist der Himmel des Herrn,
die Erde aber hat er den Menschen übergeben.
17 Die Toten preisen den Herrn nicht,
keiner von allen, die zur Tiefstille sanken.
18 Wir aber segnen den Herrn
von jetzt an und immerdar.
Hallelujah!

I

Wer den Psalm laut liest, wird spätestens bei den Versen 9–12 merken, daß er als liturgischer Wechselgesang für verschiedene Stimmen konzipiert gewesen sein muß. Inhaltlich setzt die Polemik gegen die »Götzen« (-Bilder) in den Versen 4–8 diejenige Deuterojesajas (Jesaja 44,9–20) fort. Somit drängt sich eine nachexilische Datierung auf. »Im Jahre 587 v. Chr. fielen babylonische Truppen in Jerusalem ein. Sie plünderten den Tempel, zerstörten die Stadt und verschleppten ihre Bewohner bis auf einen kleinen, arbeitsunfähigen Rest nach Babylon. Durch den Fall Jerusalems wurde der Jahwe-Glaube in eine schwere Krise gestürzt; sein religiöses Zentrum bestand nicht mehr, und frühere Heilszusagen drohten in dieser Katastrophe ihre Gültigkeit zu verlieren. Unter den Deportierten breitete sich Mutlosigkeit und Resignation aus.« (Walter Strolz) Darum glauben die Juden die Völker höhnisch fragen zu hören: »Wo ist denn ihr Gott?« (2) Oder legen sie den Völkern vielleicht ihre eigene Frage in den Mund? Hat Jahwe sich von seinem Volk abgewandt und es den »Völkern« als Beute überlassen? Eine Frage, die sich den Juden bis in die Gegenwart hinein stets wieder stellte und stellt, nicht allein nur als Frage der kollektiven Identität. Es geht um mehr! »Nicht uns, Herr, nicht uns, sondern deinem Namen gib Ehre!« (1) Ist es aber nach Auschwitz noch möglich, an diesen Gott, an Gott überhaupt zu glauben? Eine Frage, die sich den Juden auf exemplarische Weise stellt, die sich demnächst der Menschheit insgesamt stellen könnte. Eine der jüdischen Antworten auf die Auschwitz-Frage lautet: Gäbe es keine andere Möglichkeit, als nach Auschwitz Gott zu leugnen, dann erst hätte Hitler den totalen Sieg errungen. Eine ähnliche Überlegung scheint dem 115. Psalm zugrundezuliegen: Gäbe es keine andere Möglichkeit, als nach der Niederlage und Deportation Jahwes Macht und Treue zu leugnen, dann erst wäre der Sieg Babylons definitiv! Trotz der erlittenen Heimsuchungen bekennt deshalb der Psalm: »Unser Gott ist im Himmel, alles, was er will, vollbringt er.« (3) Dieses Bekenntnis schließt die

Hinnahme der Schickungen Jahwes ebenso ein wie die Bereitschaft, ihm dennoch zu vertrauen. Schlimmer als die Abhängigkeit vom unbegreiflichen, aber lebendigen Gott wäre die von nur allzu begreiflichen, aber leblosen »Götzen« – auch das eine exemplarische Entscheidung! Sie bestimmt die nunmehr folgende Polemik gegen die Götter(-Bilder), dieses »Machwerk von Menschenhänden« (4). Zwar wurden sie von ihren Machern mit Körper- und Sinnesorganen ausgestattet, trotzdem vermögen sie nicht zu reden, zu sehen, zu riechen, zu greifen, zu gehen (5–7). Unerwartet die Schlußfolgerung: »Ihnen werden gleich, die sie machten, alle, die ihnen vertrauen.« (8) Soll das heißen, daß, wer Götterbilder herstellt und verehrt, von deren Leblosigkeit gleichsam kontaminiert und zum lebendig Toten wird? Soll es ferner heißen, daß dagegen Jahwe, obgleich im Himmel (3), über sämtliche körperlich-sinnlichen Fähigkeiten verfügt, daß er – sehend, riechend, greifend, gehend, redend – die Fülle leibhaftigen Lebens ist und daran Anteil haben läßt, wer ihm vertraut? Den Götterbildern wird jedenfalls nicht, wie später, ein gänzlich spiritualisierter, entsinnlichter Gott entgegengehalten. Insofern bleibt Jahwe den verspotteten Götterbildern denn doch näher als den angeblich aufgeklärten Gottes-»Begriffen« späterer Epochen. Die Vorstellungsweise von Götter- wie Jahweverehrern war, um einen neuzeitlichen Begriff zu verwenden, »anthropomorph« (menschenförmig). Gott wurde in menschlichen Kategorien gedacht, weil man auch den Menschen in göttlichen resp. götterhaften Kategorien verstand. Dazu kam, daß die anthropomorphe Denk- und Redeweise die Personhaftigkeit Gottes zum Ausdruck brachte. Wie anders hätte man dies tun können? Selbst die bildlose Jahwe-Verehrung kam nicht ohne anthropomorphe Bilder aus. Zu ihnen gehörte z. B. – in der relativ noch jungen Epoche des Patriarchats! – die Männlichkeit der Jahwe-Vorstellung. Von ihr sagt Ludwig Köhler: »Es wird von Gott als von einem Manne geredet, damit wir ihn nicht als Sache, Kraft, unpersönliches Wesen verstehen, sondern uns ihm personenhaft gegenübergestellt wissen.« Erst diese Personhaftigkeit Gottes macht Vertrauen (9–11) möglich zu ihm. Darum insistiert z. B. der Philosoph Emmanuel Lévinas darauf, daß Gott nicht »das Sein«, auch keine anonyme Seinsmacht, sondern »jenseits des Seins« sei, in schlechthin unableitbarer Besonderheit und Personhaftigkeit.

2

In den Versen 9–11 ruft der Psalm drei Gruppen zum Jahwe-Vertrauen – trotz allem, nach allem! – auf: das »Haus Israel (9), die nachexilische Judenheit insgesamt; das »Haus Aarons« (10), die Priesterschaft des (möglicherweise noch nicht wiedererrichteten) Tempels; die »den Herrn fürchten« (11), was nach der Apostelgeschichte (10,2. 22; 13,16. 26; 16,14; 18,2) Proselyten sein müßten, d. h. Nichtjuden, die sich dem jüdischen Glauben anschlossen, meist ohne sich in der ersten Generation beschneiden zu lassen. Proselyten kennt erst die nachexilische Zeit, zunächst in der Diaspora. Ebensowenig wie eine Mission hatte das alte Israel Proselyten gekannt.

Den Aufrufen zum Vertrauen folgt eine Feststellung, eine Proklamation fast schon (eines Priesters? der Gemeinde insgesamt?), denn etwas ist geschehen, ein Ereignis mit Heilsperspektive: »Jahwe hat unser gedacht, er wird segnen.« (12) Ist vielleicht ein Heilsorakel ergangen, das die Ereignishaftigkeit der neuen Zuwendung Jahwes publik machte? Fortan jedenfalls wird Jahwe, eingedenk seines Bundes mit Israel, nicht mehr Unheil und Fluch verhängen, er wird vielmehr heilen und segnen. Alsbald wird sein Segen deshalb über die drei vorher genannten Gruppen ausgerufen (12/13). Der Segen bewirkt Daseinssicherung (nach so viel Unsicherheit), Daseinssteigerung, neue Lebenskraft also und darum auch Mehrung der Nachkommenschaft (14) – für die versprengten, dezimierten Exilanten wohl die wichtigste Zukunftssicherung (vgl. Jesaja 54,1–14).

Ihren Nachdruck und Ernst gewinnt die abschließende Preisung Jahwes (16–18) durch den Hinweis darauf, daß die

Toten in der »Tiefstille« (Martin Buber) der Unterwelt ihn nicht mehr preisen können (17; vgl. Psalm 6,6; 30,10; 88,11–13). Auch in diesem nachexilischen Psalm ist also die altüberlieferte Vorstellung noch immer in Kraft: »Denn nicht lobt dich die Unterwelt, der Tod preist dich nicht... Der Lebende, nur der Lebende, der lobt dich!« (Jesaja 38,18/19) Das Lob Gottes hat seinen Kairos im diesseitigen Leben. Es kann, es soll nicht auf später, in die Postmortalität, vertagt werden, denn Gott loben heißt – leben. Daß Tote Gott nicht preisen, bedeutet umgekehrt, daß schon bei Lebzeiten tot ist, wer nicht einstimmt in sein Lob. Noch sind die persischen Jenseitsvorstellungen in diesem Psalm nicht wirksam geworden. Noch stehen wir vor dem – für Heutige schier unbegreiflichen – Faktum, daß Israels Gottesglaube mit keiner Jenseitserwartung verknüpft war!

»Wir aber segnen den Herrn...« (18): eine in dieser Umkehrung für uns wohl verwunderliche Aussage! Wie sollen wir sie verstehen? Kann »Jahwe segnen« ebenfalls bedeuten: sein Dasein sichern, steigern, ihm neue Lebenskraft zuführen? Auf Grund eines längst ins Abstrakte spiritualisierten Gottesbegriffs neigen wir zur Antwort: Nein, die Wendung muß wohl anders interpretiert werden. Und doch lautet ein Wort der lurianischen Kabbala (an der Wende vom Mittelalter zur Neuzeit), das Franz Rosenzweig oft zitierte und Emmanuel Lévinas von neuem in Erinnerung ruft: »Gott spricht: wenn ihr mich nicht bezeugt, so bin ich nicht.« Denkt Abraham J. Heschel nicht in eine ähnliche Richtung, wenn er schreibt: »Gott anbeten heißt, Seine Gegenwart in der Welt ausbreiten... Ob er immanent ist, hängt von uns ab«? Jedenfalls bezeugt und betet Gott an, wer ihn segnet und »macht« ihn so immanent und gegenwärtig, anerkennt seine Macht und Hoheit, die nicht als ewig gleichbleibendes Sein in sich ruht, sondern namen- und personhaft einmal schweigt und einmal redet, einmal sich zurückhält und dann wieder eingreift und gerade hierdurch bleibt, was sie ist, nämlich die Macht und Hoheit dessen, der sagte: »Ich werde (je und je wieder) da sein, als der ich (je und je wieder) sein werde.« (2. Mose 3,14)

Psalm 116

1 Ich liebe den Herrn, denn er hat erhört
mein lautes Flehen.
2 Ja, er hat sein Ohr zu mir geneigt
an dem Tage, da ich schrie.
3 Die Stricke des Todes umfingen mich,
der Kerker der Unterwelt hielt mich fest,
Not und Kummer litt ich.
4 Da rief ich den Namen des Herrn an:
»Ach Herr, errette mein Leben!«
5 Gnädig ist der Herr und gerecht,
und barmherzig ist unser Gott!
6 Der Herr behütet die Hilflosen;
ich war schwach, doch er half mir auf.
7 Werde wiederum still, meine Seele,
denn der Herr erweist dir Gutes.
8 Ja, du hast mein Leben vom Tode errettet,
mein Auge vor Tränen,
meinen Fuß vor dem Sturz!
9 Ich darf vor dem Antlitz des Herrn einhergehen
im Lande des Lebens!
10 Ich vertraute, deshalb spreche ich (jetzt):
»Ich war sehr gebeugt,
11 in meiner Angst sagte ich:
Alle Menschen lügen!«
12 Wie soll ich dem Herrn danken
für alles, was er mir Gutes getan hat?
13 Ich will den Becher des Heils erheben
und den Namen des Herrn ausrufen!
14 Ich will dem Herrn meine Gelübde erstatten
und zwar vor all seinem Volk.
15 In den Augen des Herrn ist es nicht gleichgültig,
ob wegsterben, die ihm vertrauen.
16 Ach Herr, ich bin ja dein Knecht,

bin dein Knecht, der Sohn deiner Magd,
du hast meine Fesseln gelöst!
17 Dir bringe ich Dankopfer dar
und rufe den Namen des Herrn aus.
18 Ich erstatte dem Herrn meine Gelübde zurück,
und zwar vor all seinem Volk
19 in den Vorhöfen im Hause des Herrn,
in deiner Mitte, Jerusalem!
Hallelujah!

Ein spät-nachexilisches Danklied, ursprünglich in den Tempelvorhöfen vor Gottes »Volk«, d. h. öffentlich (14.17 / 18) gesungen von einem »Chassid« (15), dessen fromme Thoratreue Ausdruck inniger Gottesliebe war (1; vgl. zu Psalm 86). Weder in Krankheitsnot und Todesnähe (3) noch auch in der Bedrängnis durch lügnerische Verleumder (11) hat er aufgehört, Jahwe zu vertrauen (10). Sein ausharrendes Vertrauen ist belohnt, sein Leben aus dem Todesgriff (3) errettet worden (4.8). Nun darf er wieder »vor dem Antlitz des Herrn einhergehen im Lande des Lebens« (9), was bedeutet: leben und wirken im dankbaren (12) Bewußtsein von Jahwes daseinsspendender, daseinserhaltender Zuwendung und diese Zuwendung beantworten durch die preisende, anbetende Ausrufung des Namens Gottes (13.17). »Land des Lebens« ist das positive Gegenstück zur »Scheol«, zur Unterwelt, die als Un-Land, Nicht-Land, hier sogar als Kerker (3) drohte – wogegen das »Land des Lebens« offen, geräumig und ergehbar ist, erst recht »vor dem Antlitz des Herrn«. Der – in diesem Fall abgewendete – Tod erscheint hier somit als Kerkerhaft, das Leben dagegen als Freiheit. Nach Psalm 115 nimmt diese Freiheit jedoch erst derjenige wahr, der sie zur Preisung Gottes gebraucht.

Jedenfalls hat der Psalmist erfahren dürfen, daß es Jahwe nicht gleichgültig ist, ob seine Frommen, die »Chassidim«, wegsterben (15). Nach seiner Errettung vergißt er deshalb nicht, seine in der Not abgelegten Gelübde nun auch einzulösen (14.18), d. h. Dankopfer darzubringen und den Namen des Herrn rühmend auszurufen (17). Mit dem Erheben des »Bechers des Heils« (13) scheint ein ritueller Preisungsakt genannt zu sein, dessen kultischer Hintergrund jedoch kaum mehr zu erklären ist.

Dominant für den ganzen Psalm bleibt der erste Satz »Ich liebe Jahwe« (1). Die Thoratreue des »Chassid« darf nicht zur bloßen Gesetzesfrömmigkeit oder gar Gesetzlichkeit herabgemindert werden. »Chassid, der Fromme, ist der Liebende.« (Hermann Cohen) Die *Liebe* zu Gott ist kein christliches Charakteristikum, sie ist seit urher das Zentrum des israelitisch-jüdischen Bekennens und Glaubens (vgl. 5. Mose, 6,4–9)!

Psalm 117

1 Preiset den Herrn, alle Völker,
rühmet ihn, all ihr Nationen!
2 Denn machtvoll waltet seine Huld über uns
und die Treue des Herrn immerdar.
Hallelujah!

Der kurze nachexilische Psalm ruft alle Völker zur Preisung Jahwes auf (1; vgl. Psalm 47,1/2; Jesaja 41,1–5). Ein Auftrag zur Völkermission wird daraus nicht abgeleitet (vgl. zu Psalm 47!). Nein, nicht *Juden* sollen die Völker werden, sie sollen *Jahwe* preisen (1) und erkennen resp. anerkennen, daß Er mit Israel treu und machtvoll verbunden bleibt (2). Israel geht also nicht, wie die christliche und islamische Mission, zu anderen Völkern, um sie zum eigenen Glauben zu bekehren. Die Erwartung ist eine andere, eine kühnere, zugleich friedlichere: der Tag wird kommen, da die Völker von sich aus zu Jahwe aufbrechen werden (Jesaja 2,1–5)! Diesem Ereignis soll keine Missionseigenmächtigkeit oder Missionsstrategie vorgreifen, wohl aber darf es, wie hier, theopoetisch angedeutet werden. An der letzten Jahrhundertwende ist der Christ Christoph Blumhardt zu ähnlichen Einsichten gekommen. Seinem Schwiegersohn Richard Wilhelm schrieb er nach China: »Alle Missionen, man mag's treiben, wie man will, werden in der Welt mehr und mehr etwas Überflüssiges.« (21.3.1905) Blumhardts Rat: »Machen können wir nichts. Nur dasein. Unser Dasein muß aber Gottes Taten wecken, und Jesus, der Löwe aus Zion, muß sich erheben und wird sich erheben...« (31.7.1899) Diese christliche Position – Randposition freilich! – entspricht derjenigen der hebräischen Bibel ziemlich genau resp. kommt auf diese zurück. Alle Erwartung gilt Jahwes machtvoller »Huld« (2), d.h. seiner treuen Verbundenheit oder Solidarität mit Israel, die gleichsam das Unterpfand ist für Gottes verläßlichen und gerechten Umgang mit den Völkern. Jahwes Walten ist universal, Israels Glaube aber versteht sich nicht als Universal- oder gar Imperialreligion. Er bleibt ein partikulares Zeugnis der universalen Heilsmacht Gottes. Insofern haftet an seinen Aussagen und Bildern stetsfort die stämmegeschichtliche, ja stammesreligiöse Herkunft. Gerade dadurch aber – so wenigstens scheint mir – kommt dieser Glaube immer wieder ins Staunen darüber, daß der von ihm erfahrene und bezeugte Gott den eigenen und auch alle anderen Horizonte und Partikularismen transzendiert. So glaubt und lebt Israel auf seinen, zugleich aber EINEN Gott hin. Weil dieser je und je wieder da sein wird, als der er, der Freie und Souveräne, jeweils da sein will (vgl. 2. Mose 3,14), ist er in kein Dogma zu fassen, gibt es keine jüdische Dogmatik. Es gibt den Glauben, und dieser ist wesentlich Erwartung: unabgeschlossen, unabschließbar, offen. Die Erwartung wurzelt in der überlieferten Berufung, wonach Israel geschaffen und berufen ist »zum Bundesmittler für das Menschengeschlecht, zum Licht der Völker, um blinde Augen aufzutun, Gefesselte aus dem Gefängnis herauszuführen, und die in der Finsternis sitzen, aus dem Kerker« (Jesaja 42,6/7). Nein, Israel ist nicht dazu berufen, die anderen Völker religiös zu »erobern«. Deswegen konnte es nicht aufgehen in den nachfolgenden monotheistischen Eroberungsreligionen, weder im Christentum noch im Islam. Es blieb und bleibt ein Zeuge dafür, daß es dem universalen Gott nicht um Religion, sondern um die Menschen geht, um die Befreiung der Menschen zum Leben (siehe das obige Jesaja-Wort!).

Historisch steht der kleine Psalm mit seiner großen – und gewaltfreien! – Gottesvision in der partikularen, d. h. jerusalemischen Kulttradition vom »höchsten Gott«, die bezeichnenderweise vorisraelitische Wurzeln hat (vgl. 1. Mose 14,18/19; Psalm 21,8; 46,5; 77,11; 78,35; 82,6; 83,19; 91,1; 97,9).

Psalm 118

1 Danket dem Herrn, denn er ist gütig,
ja, ewig währt seine Huld!
2 So spreche denn, Israel:
ja, ewig währt seine Huld!
3 So spreche denn, Haus Aarons:
ja, ewig währt seine Huld!
4 So sprecht denn, die ihr den Herrn fürchtet:
ja, ewig währt seine Huld!
5 Aus der Drangsal rief ich zum Herrn.
Der Herr hörte mich und schuf mir Weite.
6 Der Herr ist für mich, ich fürchte mich nicht.
Was können Menschen mir antun?
7 Der Herr ist für mich in meinen Helfern,
ich werde auf meine Hasser niederschauen.
8 Besser ist's, sich beim Herrn zu bergen,
als Menschen zu vertrauen.
9 Besser ist's, sich beim Herrn zu bergen,
als Vornehmen zu vertrauen.
10 Alle Völker umringten mich,
im Namen des Herrn, fürwahr, wehrte ich sie ab.
11 Sie umringten mich, ja, umringten mich,
im Namen des Herrn, fürwahr, wehrte ich sie ab.
12 Sie umringten mich wie Bienen,
verschwelten (aber) wie Dornen im Feuer,
im Namen des Herrn, fürwahr, wehrte ich sie ab.
13 Man stieß mich, daß ich fallen sollte,
doch der Herr hat mir geholfen.
14 Meine Stärke und mein Loblied ist der Herr,
er wurde mein Heil.
15 Frohlocken und Siegesjubel (erschallt)
in den Zelten der Bewährten:
»Die Rechte des Herrn tut Machtvolles!
16 Die Rechte des Herrn ist erhoben!

Die Rechte des Herrn tut Machtvolles!«
17 Ich werde nicht sterben, sondern leben
und die Taten des Herrn erzählen.
18 Gezüchtigt hat mich der Herr, gezüchtigt,
doch dem Tod übergab er mich nicht.
19 Öffnet mir die Pforten der Gerechtigkeit,
ich will einziehen und dem Herrn danken!
20 Dies ist die Pforte des Herrn,
hier ziehen Bewährte ein.
21 Ich will dir danken, daß du mich hörtest
und mir zur Befreiung geworden bist!
22 Der Stein, den die Bauleute verwarfen,
er ist zum Eckstein geworden!
23 Geschehen ist dies vom Herrn her,
ein Wunder ist es vor unseren Augen.
24 Dies ist der Tag, den der Herr gemacht hat,
wir jubeln und freuen uns seiner!
25 Ach, Herr, befreie doch,
ach, Herr, laß doch gelingen!
26 Gesegnet sei mit dem Namen des Herrn, wer einzieht!
Aus dem Hause des Herrn segnen wir euch.
27 Der Herr ist Gott! Er erleuchte uns!
Schlinget den Festreigen mit Seilen
bis zu den Hörnern des Schlachtaltars!
28 Mein Gott bist du, ich will dir danken,
mein Gott, ich will dich erheben!
29 Danket dem Herrn, denn er ist gütig,
ja, ewig währt seine Huld!

I

Verschiedene Stimmen werden hier laut. Sie dürften im Wechsel gesungen worden sein im Rahmen einer festlichen Prozession, die zum Tempel und an die »Pforte Jahwes« (20) führte, wo eine »Tor«- oder »Pfortenliturgie« stattfand (vgl. Psalm 15; 24). »Beim Eintritt in den Tempelbezirk ist von jedem Kultteilnehmer eine Loyalitätserklärung abzulegen«, denn einzig die Zaddikim, die Bewährten (20b), »dürfen durch die ›Pforte Jahwes‹ in das Heiligtum eintreten. Zur Festzeit zog nun die Schar der Lobenden und Dankenden in einer Prozession durch die Tore ein (Psalm 42,5) und wurde am Eingang in liturgische Wechselgespräche und -gesänge hineingenommen.« (Hans-Joachim Kraus) Danach sprachen »aus dem Hause Jahwes heraus« (26) die Tempelpriester ihren Segen über die herbeigezogene Prozessionsgemeinde, die sich alsdann weiterbewegte zum Opferaltar, nun aber sich in einen heiligen Tanzreigen verwandelnd, der die Schlachtstätte umkreiste (vgl. Psalm 26,6), wobei offenbar Seile um die (Stier-?)Hörner geschlungen wurden (27), die an den vier Ekken des Altars angebracht waren (zum heiligen Tanz vgl. zu Psalm 87!).

Ungewiß bleibt, ob nach dem chorischen Wechselgesang zum Auftakt (1–4) in 5–21 ein einzelner spricht resp. singt oder ob hier ebenfalls verschiedene Stimmen wiedergegeben werden wie zweifellos wieder in den Versen 22–29, wo man zunächst (22–25) Begleiter, Freunde, auch Zuhörer, dann einen Priester (oder mehrere?) sich äußern hört (26). Hierauf respondiert die tanzende, feiernde Gemeinde (27). In 28 und 29 scheint wiederum die Stimme eines einzelnen vernehmbar zu werden, wobei Vers 29 aber ebensogut von der ganzen Festgemeinde hätte gesprochen oder gesungen werden können.

Jedenfalls machte das Hin und Her zwischen Einzelstimmen und Kollektivstimme akustisch deutlich, daß die Gemeinde im Dank und Zeugnis der einzelnen lebendig ist und daß in den einzelnen die Stimme der Gemeinde laut wird.

Deshalb sind die Grenzen zwischen Wir und Ich zuweilen fließend, und es ist oft fast unmöglich festzustellen, ob das Psalm-Ich ein individuelles oder ein kollektives ist. Im heiligen Reigentanz wurde dieses Zusammenspiel von Ich und Wir sinnenhaft erlebt als Bewegungsritual, dessen Formensprache und Formenbedeutungen zurück in matriarchale Vorzeiten verweisen dürften.

Die so zum Ausdruck gebrachte Verflochtenheit der Ichs mit dem Wir, der einzelnen mit der Kultgemeinschaft, lag jedenfalls auch der – für europäische Individualisten so befremdlichen! – Auffassung zugrunde, daß Tote in ihrer radikalen Einzelung (die in Psalm 116,3 als Einzelhaft in einem Kerker dargestellt wird!) am Gotteslob der Gemeinde nicht mehr teilhaben (vgl. Psalm 6,6; 30,10; 88,11–13; 115,17). Bereits auch die Isolation und Einsamkeit während einer schweren Krankheit ist den davon Betroffenen deshalb zur Unterwelt- und Todeserfahrung geworden (Psalm 6,5/6; 31,13; 38,12/13; 69,15–18; 88,4–19; 102,4–12).

2

Die Verse 5–21 sprechen verschiedene Lebenssituationen an. Aus einer Bedrängnis, vermutlich durch feindselige Menschen (6), half Jahwe dem Bedrängten wieder ins »Weite« (5), verschaffte ihm wieder freien Bewegungsspielraum. Konkret scheint Jahwes Hilfe in »Helfern« (7) am Werk gewesen zu sein, deren Schutz es dem Bedrängten erlaubte, furchtlos auf seine Hasser niederzuschauen. Bezeugen die Verse 8–9 eine wieder andere Erfahrung? Hat da einer sein Vertrauen auf Vornehme, auf Einflußreiche gesetzt und erkennen müssen, daß es denn doch besser ist, »sich bei Jahwe zu bergen«? In 10–16 klingen geschichtliche Not- und Kriegserfahrungen Israels an. Identifiziert sich hier ein einzelner mit den Überlieferungen des »Heiligen Krieges«, die er nun auf seine eigene Situation bezieht, vielleicht, weil er in einer heidnischen Umgebung lebt (vgl. Psalm 42–43)? 17–18 wiederum erzählen von einer Errettungserfahrung. 19–21 sind dann eindeutig ein Stück »Tor«- resp. »Pfortenliturgie«. Nunmehr treten die Prozessionsteilnehmer ins Heiligtum ein, um hier Jahwe für mancherlei Erhörung und Errettung zu danken, begleitet von Zurufen, Stimmen der Festgemeinde und der Priester (22–29). Der gemeinsame Dank bezeugt, wie eng das Heil der einzelnen mit dem Heil der Gemeinde verwoben ist.

Für manche Heilserfahrungen, wie sie aus der Festgemeinde bekanntgemacht wurden, steht – zusammenfassend vielleicht – in Vers 22 ein wahrscheinlich altes und bekannt gewesenes Sprichwort: »Der Stein, den die Bauleute verwarfen, er ist zum Eckstein geworden!« Ist denn nicht z. B. ein schon Todgeweihter wieder gesund und zum Zeugen Jahwes geworden (17)? Denkbar auch, daß ein Verachteter und Verworfener rehabilitiert und für Familie und Gemeinschaft wieder – metaphorisch gesprochen – zum »Eckstein« wurde, d. h. entweder zum Quaderstein, der an den Hausecken die Statik eines Gebäudes gewährleistet, oder zum Schluß- und Zinnenstein, der Bauwerke vollendet und abschließt. Jedenfalls ist der »Eckstein« wichtig und unentbehrlich für das Ganze. Ein bildkräftiges Sprichwort also! Kein Wunder, daß es im Neuen Testament und durchaus sinnvoll auf die Verwerfung, den Tod und die Auferstehung des Juden Jesus bezogen wird (Matthäus 21,42; Apostelgeschichte 4,11). Gleicherweise freilich kann sich auch Israel, das Volk der Juden insgesamt, als einen – u. a. von *christlichen* Bauleuten! – verworfenen Stein empfinden, der zu einem unentbehrlichen Eckstein geworden ist resp. werden wird. Doch auch inmitten veränderter Umstände und Bedingungen bewahrheitet ein gutes Sprichwort seine Gültigkeit. So z. B. müssen sich derzeit die Palästinenser als den – von *israelischen* Bauleuten! – verworfenen Stein verstehen, der in Wahrheit aber eben jener unentbehrliche Eckstein sein wird, ohne den in der Region kein stabiles und dauerhaftes »Haus« für alle errichtet werden kann.

Psalm 119

1 Glück denen, deren Weg ohne Makel,
die da gehen in der Weisung des Herrn!
2 Glück denen, die seine Zeugnisse bewahren,
die mit ganzem Herzen nach ihm fragen!
3 Die kein Unrecht verübt haben,
in seinen Wegen gegangen sind!
4 Du selbst hast deine Ordnungen erlassen,
daß man sie eifrig befolge.
5 Ach, daß meine Wege beständig wären,
deine Satzungen zu befolgen!
6 Dann würde ich nicht zuschanden,
da ich auf all deine Gebote blicke.
7 Ich danke dir mit aufrichtigem Herzen,
wenn ich die Sätze deiner Gerechtigkeit lerne.
8 Deine Satzungen will ich bewahren,
verlaß mich nie ganz und gar!

*

9 Wodurch klärt ein Jüngling seinen Pfad?
Wenn er dein Wort bewahrt.
10 Von ganzem Herzen frage ich nach dir,
laß mich nicht abirren von deinen Geboten!
11 In meinem Herzen verwahre ich deinen Spruch,
damit ich nicht sündige an dir.
12 Gesegnet seist du, Herr!
Lehre mich deine Satzungen!
13 Mit meinen Lippen zähle ich auf
alle Rechtssätze deines Mundes.
14 Ich freue mich, nach deinen Zeugnissen zu wandeln,
mehr als an allem Besitz.
15 Über deine Ordnungen will ich nachsinnen,
will deine Pfade anschauen.

16 An deinen Satzungen habe ich meine Lust,
dein Wort will ich nicht vergessen.

*

17 Gewähre deinem Knecht die Guttat, daß ich lebe,
und ich will dein Wort bewahren.
18 Öffne meine Augen, damit ich erblicke
die Wunder aus deiner Weisung!
19 Ein Gast (nur) bin ich auf Erden,
verbirg mir deine Gebote nicht!
20 Meine Seele verzehrt sich vor Verlangen
nach deinen Rechtssätzen allezeit.
21 Bescholten hast du die Vermessenen,
verflucht sind, die abirren von deinen Geboten!
22 Wälze von mir weg Hohn und Verachtung,
denn deine Zeugnisse habe ich bewahrt!
23 Säßen auch hohe Würdenträger,
um wider mich zu verhandeln,
dein Knecht sinnt nach über deine Satzungen.
24 Ja, deine Zeugnisse sind meine Erquickung,
meine Berater sind sie.

*

25 Meine Seele klebt am Staub,
belebe mich nach deinem Wort!
26 Ich erzähle meine Geschicke, du hast mich gehört.
Lehre mich deine Satzungen!
27 Laß mich den Weg deiner Ordnungen verstehen,
daß ich nachsinne über deine Wunder!
28 Meine Seele zerfließt vor Kummer,
richte mich auf nach deinem Wort!
29 Den Weg der Lüge rücke von mir weg,
gönne mir deine Weisung!
30 Den Weg der Treue habe ich erwählt,
nach deinen Rechtssätzen verlangt mich.

31 An deinen Zeugnissen hafte ich, Herr,
laß mich nicht zuschanden werden!
32 Ich laufe den Weg deiner Gebote,
denn du machst mir das Herz weit.

*

33 Weise mir, Herr, den Weg deiner Satzungen,
ich will ihn bewahren (mir) zum Lohn!
34 Laß mich verstehen, so daß ich deine Weisung bewahre
und sie befolge von ganzem Herzen!
35 Leite mich auf dem Pfad deiner Gebote,
denn an ihm habe ich Lust.
36 Neige mein Herz zu deinen Zeugnissen
und nicht zum Gewinn!
37 Wende meine Augen vom Blick auf Nichtiges ab,
belebe mich durch deine Wege!
38 Halte für deinen Knecht deinen Spruch in Kraft,
der denen gilt, die dich fürchten.
39 Wende ab die Verhöhnung, vor der mir graut,
denn deine Rechtssprüche sind gut.
40 Siehe, mich verlangt nach deinen Ordnungen,
belebe mich durch deine Gerechtigkeit!

*

41 Kommen mögen mir deine Gnaden, Herr,
dein Heil nach deinem Spruch,
42 damit ich meinem Verhöhner antworten kann,
denn ich vertraue auf dein Wort!
43 Nicht entziehe meinem Munde das Wort der Wahrheit,
denn ich hoffe auf deine Rechtssprüche.
44 Allezeit will ich deine Weisung bewahren,
immer und für alle Zeiten.
45 So werde ich mich ergehen in der Weite,
denn ich forsche deinen Ordnungen nach.
46 Ich will reden von deinen Zeugnissen

(auch) vor Königen und werde nicht zuschanden.
47 Ich erquicke mich an deinen Geboten,
die ich liebe.
48 Ich erhebe meine Hände zu dir
und sinne über deine Satzungen nach.

*

49 Gedenke des Wortes an deinen Knecht,
um deswillen du mich harren ließest!
50 Dies ist mein Trost in meinem Elend,
daß dein Spruch mich belebt.
51 Vermessene verhöhnen mich gar sehr,
doch ich weiche von deiner Weisung nicht ab.
52 Ich gedenke deiner Rechtssprüche aus der Vorzeit,
Herr, und ich tröste mich.
53 Zorn packt mich ob der Frevler,
die deine Weisung verlassen.
54 Zu Harfenliedern werden mir deine Satzungen
im Hause meiner Fremdlingschaft.
55 Nachts gedenke ich deines Namens, Herr,
und bewahre deine Weisung.
56 Dies ist mir zuteil geworden,
da ich deine Ordnungen wahrte.

*

57 Mein Teil ist der Herr.
Ich versprach, deine Worte zu befolgen.
58 Ich suche deine Huld von ganzem Herzen,
leih mir Gnade nach deinem Spruch!
59 Ich überdenke meine Wege,
zu deinen Zeugnissen kehre ich meine Füße.
60 Ich eile und säume nicht,
deine Gebote zu befolgen.
61 Stricke der Frevler umwinden mich,
(doch) deine Weisung vergesse ich nicht.

62 Mitternachts stehe ich auf, um dich zu preisen
für deine gerechten Urteilssprüche.
63 Genosse bin ich all denen, die dich fürchten
und deine Ordnungen bewahren.
64 Die Erde ist voll deiner Huld, Herr,
lehre mich deine Satzungen!

*

65 Gutes hast du deinem Knecht getan,
Herr, nach deinem Wort.
66 Lehre mich recht urteilen und erkennen,
denn ich vertraue deinen Geboten.
67 Ehe ich gebeugt wurde, ging ich irre,
nun aber befolge ich deinen Spruch.
68 Gut bist du und tust Gutes,
lehre mich deine Satzungen!
69 Lügen erdichten die Vermessenen wider mich,
doch wahre ich mit ganzem Herzen deine Ordnungen.
70 Stumpf wie Fett ist ihr Herz,
ich aber erquicke mich an deiner Weisung.
71 Gut war's für mich, daß ich gebeugt wurde,
damit ich deine Satzungen erlerne.
72 Die Weisung deines Mundes ist mir lieber
als Tausende von Gold- und Silberstücken.
73 Deine Hände haben mich gemacht und bereitet.
Gib mir Einsicht, damit ich deine Gebote lerne!
74 Die dich fürchten, sehen mich und freuen sich,
daß ich auf dein Wort harre.
75 Ich weiß, Herr, daß deine Rechtssprüche gerecht sind
und es deine Treue war, die mich beugte.
76 Laß deine Huld mir zum Trost werden
nach deinem Spruch an deinem Knecht.
77 Dein Erbarmen komme zu mir, daß ich lebe,
denn deine Weisung ist meine Erquickung.
78 Es müssen zuschanden werden die Vermessenen,
die mich lügnerisch bedrücken,

der ich über deine Ordnungen sinne!
79 Mir mögen sich zuwenden, die dich fürchten
und deine Zeugnisse kennen!
80 Mein Herz sei unsträflich in deinen Satzungen,
auf daß ich nicht in Schande komme.

*

81 Meine Seele schmachtet nach deinem Heil,
ich harre auf dein Wort.
82 Meine Augen schmachten nach deinem Spruch:
wann wirst du mich trösten?
83 Denn ich bin wie ein Schlauch im Qualm geworden,
(aber) deine Satzungen vergesse ich nicht.
84 Wieviele Tage bleiben deinem Knecht noch?
Wann hältst du Gericht an meinen Verfolgern?
85 Die Vermessenen graben mir Gruben,
sie, die deiner Weisung nicht folgen.
86 Alle deine Gebote sind Wahrheit,
sie (aber) verfolgen mich mit Lügen – hilf mir!
87 Fast hätten sie mir den Garaus gemacht auf Erden,
doch ich verlasse deine Ordnungen nicht.
88 Belebe mich nach deiner Huld,
daß ich bewahre das Zeugnis deines Mundes!

*

89 Ewig bleibt, Herr, dein Wort,
fest steht es im Himmel.
90 Geschlecht um Geschlecht währt deine Treue,
fest hast du die Erde gegründet – und sie stand!
91 Deine Ordnungen, sie bestehen bis heute,
denn alles ist dir dienstbar.
92 Wäre deine Weisung nicht meine Lust,
ich wäre vergangen in meinem Elend.
93 Niemals vergesse ich deine Ordnungen,
denn durch sie hast du mich im Leben gehalten.

94 Dein bin ich, errette mich!
Denn deinen Ordnungen forsche ich nach.
95 Frevler lauern darauf, mich zu vernichten,
ich aber will auf deine Zeugnisse achten.
96 Ich sehe, daß alle Vollkommenheit begrenzt ist,
dein Gebot (aber) ist (grenzenlos) weit.

*

97 Wie liebe ich deine Weisung!
Sie ist mein Sinnen den ganzen Tag.
98 Dein Gebot macht mich weiser als meine Feinde,
denn allezeit ist es mir gegenwärtig.
99 Ich erkenne mehr als all meine Lehrer,
denn deine Zeugnisse sind mein Sinnen.
100 Einsichtiger bin ich als Greise,
denn ich bewahre deine Ordnungen.
101 Von jedem bösen Pfad halte ich meine Füße fern,
damit ich dein Wort befolge.
102 Von deinen Rechtssprüchen weiche ich nicht,
denn du bist's, der mich unterweist.
103 Wie süß sind deine Sprüche meinem Gaumen,
süßer als Honig meinem Mund!
104 Aus deinen Ordnungen schöpfe ich Einsicht,
darum hasse ich jeden Lügenweg.

*

105 Dein Wort ist eine Lampe meinem Fuß
und ein Licht auf meinem Pfad.
106 Geschworen hab' ich und werde es halten,
die Rechtssprüche deiner Gerechtigkeit zu bewahren.
107 Ich bin sehr tief gebeugt, Herr,
belebe mich gemäß deinem Wort!
108 Laß dir die Gaben meines Mundes gefallen, Herr,
und deine Rechtssprüche lehre mich!
109 Mein Leben ist ständig in Gefahr,

aber deine Weisung vergesse ich nicht.
110 Die Frevler legen mir Schlingen,
dennoch weiche ich nicht von deinen Ordnungen ab.
111 Für immer sind deine Zeugnisse mein Erbe,
sie sind das Entzücken meines Herzens.
112 Ich neige mein Herz, deine Satzungen zu tun.
Immerwährend ist der Lohn.

*

113 Ich hasse die Zwiespältigen,
aber ich liebe deine Weisung.
114 Du bist mein Schutz und Schild,
ich harre auf dein Wort.
115 Weg von mir, ihr Übeltäter!
Bewahren will ich die Gebote meines Gottes.
116 Stütze mich nach deinem Zuspruch, damit ich lebe,
und laß mich nicht zuschanden werden an meiner Hoffnung!
117 Halte mich, damit ich Rettung finde!
Stets will ich deine Satzungen meditieren.
118 Du ächtest alle, die von deinen Satzungen abirren,
denn ihr Sinnen ist Lüge.
119 Als Schlacken räumst du fort alle Frevler im Lande,
darum liebe ich deine Zeugnisse.
120 Mir schaudert die Haut im Schrecken vor dir,
ich fürchte mich vor deinen Gerichten.

*

121 Ich übte Recht und Gerechtigkeit,
liefere mich nicht meinen Bedrückern aus!
122 Bürge für deinen Knecht zum Guten,
daß die Arroganten mich nicht bedrücken!
123 Meine Augen schmachten nach deinem Heil,
nach deinem gerechten Spruch.
124 Tu deinem Knecht gemäß deiner Huld

und lehre mich deine Satzungen!
125 Dein Knecht bin ich, gib mir Einsicht,
damit ich deine Zeugnisse verstehe!
126 Zeit ist's für den Herrn, zu handeln,
sie haben deine Weisung zerbrochen!
127 Über alles liebe ich deine Gebote,
mehr als Gold und Feingold.
128 Darum wandle ich aufrichtig
nach all deinen Ordnungen,
jeden Lügenpfad hasse ich.

*

129 Wundersam sind deine Zeugnisse,
darum bewahrt sie meine Seele.
130 Das Tor deiner Worte leuchtet,
die Einfältigen macht es verständig.
131 Weit öffne ich meinen Mund und schnappe,
denn mich verlangt nach deinen Geboten.
132 Wende dich zu mir und sei mir gnädig
gemäß dem Recht derer, die deinen Namen lieben!
133 Festige meine Schritte durch dein Wort!
Laß kein Unrecht über mich herrschen!
134 Befreie mich von der Unterdrückung durch Menschen,
und ich will deinen Ordnungen folgen.
135 Dein Antlitz laß deinem Knecht leuchten
und lehre mich deine Satzungen!
136 Aus meinen Augen fließen Wasserbäche,
weil man deine Weisung nicht befolgt.

*

137 Gerecht bist du, Herr,
und richtig sind deine Rechtssprüche.
138 Du hast deine Zeugnisse in Gerechtigkeit erlassen
und in großer Treue.
139 Mein Eifer reibt mich auf,

weil meine Bedränger deine Worte vergessen.
140 Durch und durch lauter ist dein Spruch,
und dein Knecht liebt ihn.
141 Gering bin ich und verachtet,
(doch) deine Ordnungen vergesse ich nicht.
142 Deine Gerechtigkeit bleibt ewig im Recht,
und deine Weisung ist Wahrheit.
143 Not und Drangsal haben mich getroffen,
(doch) deine Gebote sind meine Erquickung.
144 Deine Zeugnisse sind für immer gerecht.
Laß mich verstehen, auf daß ich lebe!

*

145 Ich rufe von ganzem Herzen, Herr, höre mich!
Deine Satzungen will ich bewahren.
146 Ich rufe dich an, befreie mich,
ich will deine Zeugnisse befolgen!
147 Im Morgengrauen stehe ich auf und schreie,
auf dein Wort harre ich.
148 Meine Augen eilen den Nachtwachen voraus,
um nachzusinnen deinem Spruch.
149 Höre mein Rufen nach deiner Huld,
Herr, nach deinem Rechtsspruch belebe mich!
150 Es nahen, die der Arglist nachjagen,
ferne sind sie deiner Weisung.
151 Nahe bist (auch) du, Herr,
und alle deine Gebote sind Wahrheit!
152 Längst weiß ich aus deinen Zeugnissen,
daß du sie für immer gegründet hast.

*

152 Sieh an mein Elend und befreie mich,
denn ich habe deine Weisung nicht vergessen!
154 Führe meinen Rechtsstreit und löse mich aus,
gemäß deinem Spruch belebe mich!

155 Fern bleibt den Frevlern das Heil,
denn sie fragen nicht nach deinen Satzungen.
156 Groß ist dein Erbarmen, Herr,
nach deinen Rechtssprüchen belebe mich!
157 Viele sind's, die mich verfolgen und bedrängen,
doch weiche ich nicht von deinen Zeugnissen ab.
158 Sehe ich Abtrünnige, es widert mich an,
daß sie deinen Spruch nicht bewahren.
159 Sieh, wie ich deine Ordnungen liebe,
Herr, nach deiner Huld belebe mich!
160 Das Herzstück deiner Rede ist Treue,
und immerdar bleibt dein gerechtes Recht.

*

161 Hohe Würdenträger verfolgen mich grundlos.
Aber (nur) vor deiner Rede erbebt mein Herz!
162 Ich freue mich an deinem Spruch
wie einer, der reiche Beute findet.
163 Lüge hasse und verabscheue ich –
deine Weisung ist's, die ich liebe.
164 Siebenmal am Tage preise ich dich
für deine gerechten Urteile.
165 Reichen Frieden haben, die deine Weisung lieben,
ihnen widerfährt kein Straucheln.
166 Ich warte auf dein Heil, Herr,
und tue deine Gebote.
167 Meine Seele bewahrt deine Zeugnisse,
und ich liebe sie sehr.
168 Ich bewahre deine Ordnungen und Zeugnisse,
denn all meine Wege sind vor dir.

*

169 Vor dein Antlitz komme mein Klagen, Herr,
gib mir Einsicht gemäß deinem Wort!
170 Vor dein Antlitz komme mein Flehen,

errette mich gemäß deinem Spruch!
171 Meine Lippen werden Preisung sprudeln,
denn du wirst mich deine Satzungen lehren.
172 Meine Zunge wird deine Treue besingen,
denn alle deine Gebote sind gerecht.
173 Deine Hand sei da, mir aufzuhelfen,
denn deine Ordnungen habe ich erwählt.
174 Mich verlangt nach deiner Befreiung, Herr,
und deine Weisung ist mir Erquickung.
175 Laß meine Seele leben, daß sie dich preise,
und deine Urteilssprüche mögen mir helfen!
176 Verirrt bin ich wie ein verlorenes Schaf!
Suche deinen Knecht!
Denn deine Gebote habe ich nicht vergessen.

I

Dies ist der längste aller Psalmen! Er umfaßt 22 Strophen, die im Hebräischen eingeleitet sind durch die Buchstabenfolge des Alphabets, was zweifellos seine betende, meditierende Aneignung durch die Bewährten, die Zaddikim (1–8), die Jahwe und seine Gebote innig lieben (47), erleichtern konnte. Trotz seiner monströsen Länge, die den Psalm z. B. als Predigttext unbrauchbar macht, hat er nur *ein einziges* Thema: die Thora – Jahwes Weisung (1.18 usw.) und Wort (17.28.81 usw.), Jahwes Zeugnisse (2.14.22 usw.), Ordnungen (4.15 usw.), Satzungen (8.12.16.23 usw.), Gebote (10.19.21 usw.), Rechtssätze (13.20 usw.). Die Thora birgt Wunder (18), setzt Recht (14.43.75.108.). Sie ist ewig (89–91). Sie ist wahr und gerecht (137.142). Der Psalm, im Grund eine Folge mehrerer Gebetsgesänge, ist in der vorliegenden, kunstvoll gebauten Form eine einzige große Lobpreisung Gottes und seiner Thora. Gut vorstellbar, daß ein Zaddik, der den ganzen Psalm murmelnd las und meditierte, allmählich in einen Zustand stiller Ekstase geraten ist.

Was ist hier nun aber unter »Thora« zu verstehen? Thora kurzum mit »Gesetz« zu übersetzen, hieße einen christlichen Reduktionismus fortsetzen, der oft einen polemisch-antijudaistischen Unterton hatte (vgl. zu Psalm 1). »Von Nomismus und von strenger ›Gesetzesfrömmigkeit‹ ist keine Spur zu finden.« (Hans-Joachim Kraus) Freilich entwirft die Thora eine Ordnung des Lebens und der Gesellschaft, die, weil Jahwe sich immer auch um Details des menschlichen Zusammenlebens kümmert, ebenfalls Gebote und Gesetze umfaßt. Diese sind Ausdruck der »Huld« genannten Zuwendung und Solidarität Jahwes, die die Erde insgesamt (64) ebenso wie das Dasein der einzelnen (50.93.149.159) mit Leben beschenkt und erfüllt. Auf die Entsprechung von Schöpfung und Thora hatte bereits Psalm 19 hingewiesen: das Leben schaffende Wort des Schöpfers ist kein anderes als das in der Thora ergehende. Schöpfungs- und Gesellschaftsgeschehen sind in Gottes Weltentwurf aufeinander bezogen und abgestimmt. Durch ihr Denken und Tun reißen »Zwiespältige« (113), »Abtrünnige« (158) jedoch wieder heillos auseinander, was nach Gottes Heilswillen zusammengehörte.

2

Weiter ist nun aber zu fragen: Bezeichnet »Thora« in diesem Psalm ein mündliches Wortgeschehen oder bereits einen schriftlich fixierten Kanon?

Ein mündliches Wortgeschehen wäre z. B. die sogenannte Priester-Thora, die Laienbelehrung durch Priester entweder vor versammelter Kultgemeinde (vgl. 5. Mose 31,10–13) oder – für Gruppen von Tempelpilgern – im Rahmen der Einlaßliturgie am Tempeltor (vgl. zu Psalm 15; 24; 91,3–13; Jesaja 33,14–17; Micha 6,6–8). Nach Haggai 2,11–13 konnte jedoch auch ein einzelner vom Priester eine Weisung (=Thora) erbitten. Anzunehmen ist ferner eine Verbindung von priesterlichem Heils-, resp. Rechtsorakel (»Rechtssprüche« 43.75.102.106.156) mit einer daran anschließenden Thorabelehrung an den einzelnen: so etwa folgt in Psalm 32,8/9 dem Heilswort eine »Weisung«.

War »Thora« somit ein Wortgeschehen, das allein vom Priester ausging? Zweifellos haben im *Tempel* die Priester das Sagen und damit die Thora-Autorität gehabt. Doch immer wieder haben auch »Laien« in ihren Dankgebeten, Dankpsalmen aufgrund persönlicher Erfahrungen ihre Belehrungen an die Adresse der Gemeinde im Tempel gerichtet, wie z. B. in Psalm 34,9–20. Galten vielleicht auch *ihre* Ermahnungen, Appelle als »Thora«? Immerhin ja stand Israel unter dem Anspruch: »Ihr sollt mir ein Königreich von Priestern werden und ein heiliges Volk.« (2. Mose 19,6; vgl. Jesaja 61,6) Priester und Priesterkasten gab es auch in anderen Religionen, aber die Vorstellung eines *priesterlichen Volkes* war ohne Parallele! Der Entfaltung eines eigentlichen Priestermonopols auf die Thora waren deshalb Grenzen gesetzt, auch zeitliche Grenzen: das Ende des Tempels bereitete dem institutionellen Priestertum ebenfalls ein Ende, das allgemeine Priestertum dagegen überlebte als Vision und Verpflichtung.

Zahlreiche Stellen des Psalmes lassen »Thora« als ein ursprünglich *mündliches* Wortgeschehen erscheinen. »Gönne mir deine Weisung!« (29) bittet z. B. der Psalmist und spricht von »Rechtssätzen deines (=Jahwes) *Mundes* (13) und davon, daß »das Herzstück deiner *Rede*... Treue« ist (60). Die empfangenen Worte und Weisungen werden ihm zur Lampe, deren Licht ermöglicht, in der Dunkelheit der Welt dennoch einen Schritt nach dem anderen zu tun (105). Erkennbar wird auch die aus anderen Psalmen bekannte Situation (Psalm 5,4; 17; 22; 57; 63; vgl. 130,5/6), daß ein Mann nachts im Tempel Jahwes Rechts- und Heilsentscheiden entgegenharrt (62.81.123.148), die jeweils in der Morgenfrühe ergingen. All dies weist darauf hin, daß unter »Thora« hier ursprünglich mündliche »Weisung« verstanden worden ist – und zwar Weisung an einzelne. Freilich verstand sich gerade der Zaddik vom Jahwe-Bund her als ein Glied des Bundesvolkes. Das war aber so selbstverständlich, daß es nicht immerzu unterstrichen werden mußte. Das zentrale, ja das Herzensanliegen des Psalms 119 ist es vielmehr, das Verhältnis des einzelnen Zaddik zu Gott und seiner Willensoffenbarung in der Thora als ein *Liebes*verhältnis darzustellen (97.113.163.165). Der Bewährte erscheint hier keineswegs als ein Mann des Gesetzes oder gar pingeliger Gesetzlichkeit, er erscheint als ein aufrichtig und leidenschaftlich *Liebender*! Aus heutiger Sicht ist das nicht zuletzt deswegen außergewöhnlich und fast unbegreiflich, weil diese Gottesliebe nicht, wie im Christentum und im Islam, durch Jenseitserwartungen entflammt und genährt worden ist. Sie gilt einem Gott, der nur *im* Diesseits und – zumal in seiner Thora! – nur *für* das diesseitige Leben der Menschen redet und handelt. Wurzelt ein solch diesseitiges Lebens- und Gottesverständnis vielleicht noch im vor-schriftlichen Zeitalter? Hat erst der Siegeszug des Schreibens und des Geschriebenen die Denkkategorie der Transzendenz ermöglicht und ihr schließlich zum breiten Durchbruch verholfen (vgl. zu Psalm 87!)?

3

Auch der Begriff »Thora« erfuhr eine Wandlung, der auf die Formel gebracht werden kann: von der mündlichen zur schriftlichen Thora. Als erste dürften die Kultgesetze schriftlich fixiert worden sein, danach – im Deuteronomium – die gesamte Gesetzgebung. Schließlich wurde der ganze Pentateuch (alle fünf Bücher Mose), später oft auch der ganze Schrift-Kanon der hebräischen Bibel als »Thora« bezeichnet. Die Entwicklung vom Wortgeschehen zur schriftlich fixierten Thora ist durch die Zerstörung des ersten Tempels und das Exil beschleunigt worden. Sie kündigte sich bereits bei Jeremia an (36,1–10). Zur Zeit Jesu stand jedenfalls längst schon fest, daß die Thora *Schrift*, der Thoragelehrte ein *Schrift*gelehrter ist. Und auch nach zweitausend Jahren bekennt der Jude Emmanuel Lévinas: »Wesentlich sind wir ›vom Buche‹ her.« Obgleich Jesus keine Zeile niedergeschrieben oder diktiert und sich damit höchst auffällig der Entwicklung zu Text und Buch entzogen hatte, konnte sich auch das Christentum der Spätantike der fortschreitenden »Inlibration«, d. h. der »Buchwerdung des Wortes« (Origenes) nicht entziehen. Der Islam nahm dann vollends an, Gott habe fixfertige Bücher vom Himmel herabgesandt, für die Juden zuerst die Thora (Sure 5,44[48]), für die Araber später den Koran.

Doch zurück zu Psalm 119: Er – ein nachexilisches Gedicht – spiegelt den Übergang von der mündlichen zur schriftlichen Thora-Vorstellung. Die letztere rückt in den Vordergrund, wenn, wie im Deuteronomium (5. Mose), die Rede ist vom Bewahren (2.8.17.22.34.44.55.69.88.100.115.129.145. 167.168), vom Nichtvergessen (16.61.83.109.141.153.176) der göttlichen Zeugnisse, Satzungen, Rechtssprüche usw. Zwar könnte sich das auch noch auf mündlich empfangene Thora beziehen; die z. T. juristischen Begriffe lassen jedoch eher an bereits kodifiziertes Gottesrecht denken. Wenn es gar heißt: »Ich gedenke deiner Rechtssprüche aus der Vorzeit« (52), so setzt das doch wohl schriftlich überlieferte Rechtssätze voraus. Auch das meditierende Nachsinnen »über deine Satzungen«

dürfte *Texten* gegolten haben (23.48.117; vgl. Psalm 1,2). Und doch hält der Psalm zugleich die Erinnerung an die Thora als Wortgeschehen wach – mit gutem Grund vielleicht! Die heilige Schrift soll ja nicht zum Fetisch werden, sondern neues Wortgeschehen auslösen, »denn das Wort, das einst geschehen ist und in seinem Geschehen zum Text geworden ist, muß mit Hilfe des Textes wiederum Wort werden und so als auslegendes Wort geschehen« (Gerhard Ebeling). Der Ort solcher Wiedererweckung der Schrift zum lebendigen Wort ist im Juden- wie im Christentum vornehmlich der Gottesdienst mit seiner Liturgie, seiner Verkündigung. »Der Vollsinn des Bibelwortes wurde nicht ein für alle Mal erschlossen. Stündlich wird ein neuer Aspekt entschleiert. Das Wort wurde einmal gegeben; die Bemühung, es zu verstehen, muß für alle Zeiten weitergehen.« (Abraham J. Heschel)

4

Mit Nachdruck und Leidenschaft bekennt der 119. Psalm, daß die Thora kein unterjochendes Gesetz, sondern eine unerschöpfliche Quelle der Belebung (25.40.50.77.93.107.149. 156), der Erquickung (24.47.70.77.174), des Trostes (50.52. 76), der Freude (14.111.162) und der Lust (16.35.92) und darum des heftigen Verlangens (20.30.40.81.82.123.131) ist. Ja, die Seele des Zaddik, des Bewährten, *schmachtet* – doch nicht unter der *Last* der Thora! Sie schmachtet nach deren *Lust* und Heil (81.82)! Gottes Weisung macht das Herz nicht eng, im Gegenteil, sie macht es weit (32)!

Wie jede andere Frömmigkeit kann freilich auch die Thorafrömmigkeit in beengender Gesetzlichkeit erstarren. Doch ist und bleibt es ein christliches Vorurteil, *alle* Thorafrömmigkeit unter das Verdikt solcher »Gesetzlichkeit« zu stellen. Emmanuel Lévinas schreibt: »Das Gebot, das den Juden umtreibt, ist kein moralischer Formalismus, sondern die lebendige Anwesenheit (d. h. Gegenwart) der Liebe.« Denn die Thora ist »nicht Joch des Gesetzes, das durch eine Offenbarung der

Barmherzigkeit abgelöst werden müßte. Das Gesetz ist die – lästige – Liebe.« Lästig vor allem, weil sie so konkret in das individuelle und soziale Leben eingreift.

In einem prosaisch gebliebenen Psalmentwurf vom 3. Mai 1951 hat sich der Komponist Arnold Schönberg auf ergreifende Weise mit der Thorafrömmigkeit auseinandergesetzt. (Das Fragment findet sich in der Anthologie von Paul Konrad Kurz: »Psalmen vom Expressionismus bis zur Gegenwart«.) Zuerst bedauert Schönberg, daß die jüdische Orthodoxie »die Intelligenz dem Liberalismus und der Religionslosigkeit in die Arme treibt«, um danach fortzufahren:

»Die Intelligenz kann nicht an die Gottgegebenheit
all dieser detaillierten hygienischen
Vorschriften glauben. Sie nimmt, vielleicht
mit Recht, an, daß das Auslegungen, Zusätze,
Übertreibungen fähiger und manchmal
bloß ehrgeiziger Priester waren. Man bedenke,
was 3000 Jahre aus einem Schriftstück machen konnten,
und es ist ja nicht allein die Thora,
sondern auch der Talmud und vielleicht auch
spätere Schriften, auf denen diese Gesetze beruhen.
Deren Weisheit ist wohl
in überwiegendem Maße bewundernswert.
Sicher ist, daß, wer ihr folgt,
Gott näher steht als
die liberalen Intelligenzler.
Und ebenso sicher ist, daß es nur die Kraft
dieser strenggläubigen Israeliten sein könnte,
die überhaupt in Betracht käme, wenn es sich
darum fragte, die Welt vor einem zweiten
Sodom und Gomorrha zu warnen und auf den Weg
paradiesisch balancierter Genügsamkeit
zurückzuführen.«

So Schönberg, als Zwölftonkomponist einer der Begründer der modernen Musik, kurz vor seinem Tod.

Psalm 120

1 Ein Wallfahrtslied.
Zum Herrn rief ich in meiner Drangsal,
und er erhörte mich!
2 »Herr, errette mein Leben
vor Lügenlippen,
vor falscher Zunge!«
3 Was wird er dir geben,
was dir zufügen,
du falsche Zunge?
4 Kriegerpfeile, zugespitzt,
dazu glühende Ginsterkohlen!
5 Wehe mir, daß ich Gastarbeiter war in Mesek,
daß ich in den Zelten von Kedar weilte!
6 Lange genug mußte ich mit Menschen
zusammenwohnen, die Frieden hassen.
7 Ich hielt Frieden,
doch wenn ich nur redete,
so wollten sie Krieg.

Der Preisung des erhörenden, errettenden Gottes (1) folgt ein Rückblick im Zorn (2–7)! Der Psalmist ist ins Heiligtum gepilgert, um Jahwe – und zugleich wohl auch der Tempelgemeinde – all das zu klagen, was er an Haß und Feindseligkeit in der Fremde erlitten hat. Die Fremde: »Mesek« (5), ein Gebiet im Norden; »Kedar«, ein Steppen- und Beduinenland im Osten, am Rand der syrisch-arabischen Wüste. In beiden Gebieten mußte der Klagende mit Menschen zusammenwohnen, d. h. zusammen*leben*, »die Frieden hassen« (6). Er war dort also nicht bloß ein Durchreisender, sondern ein »Gastarbeiter« (5), der, aus welchen Gründen immer, sein Brot in der Fremde verdienen mußte. Um so schlimmer, daß er, um friedliches Zusammenleben bemüht (7), doch nur Lüge, Haß, Verleumdung (2/3), ja »Krieg« (7), d. h. offene Feindseligkeit, erfuhr. Wird er in diese fremdenfeindliche Fremde wieder zurückkehren müssen, oder liegt die schlimme Zeit nunmehr endgültig hinter ihm? Letzteres scheint der Fall zu sein (5/6), deshalb auch die dankbare Erleichterung über Jahwes Erhörung, Errettung (1/2). So rasch aber verraucht der Zorn über erlittenes Unrecht nicht! Und so bittet der Beter Jahwe, er möge die feindseligen Verleumder, Bedränger mit deren eigenen Waffen schlagen, nämlich mit »Kriegerpfeilen« (4) – in den Psalmen ein Bildwort für Lügen und Verleumdungen (Psalm 7,13/14; 11,2; 57,5; 64,4).

Unverhohlen auch wünscht der Psalmist jenen unfreundlichen Stämmen »glühende Ginsterkohlen« (4) an. Das Holz des Ginsterstammes wurde wegen seiner Härte als Kohle verwendet, die die Feuersglut lange wachhalten konnte. Für den Beter sind die glühenden Kohlen ein Bild des göttlichen Gerichts. Mit derselben Metapher wird freilich andernorts geraten: »Wenn dein Hasser hungrig ist, speise ihn mit Brot, / und wenn er durstig ist, tränke ihn mit Wasser. / Denn Feuerkohlen legst du auf sein Haupt, / und Jahwe wird es dir vergelten.« (Sprüche 25,21/22) Römer 12,20 nimmt diese Weisung auf und argumentiert: Die Rache gehört Gott allein, darum sollen wir uns nicht selber rächen wollen, erst recht dann nicht, wenn die Feinde in Not sind. Das allerdings waren die Leute in Mesek und Kedar offensichtlich nicht.

Anzunehmen ist, daß zum mindesten die Kedariter arabische Nomaden waren. Daraus darf nicht etwa eine »Urfeindschaft« zwischen Arabern und Israeliten abgeleitet werden. Mißtrauen, Feindseligkeit gegen Fremde und Andersartige gab und gibt es, wie wir im Zeichen neuer Migrationen feststellen müssen, in jedem Volk. Daß eine solche Feindseligkeit je und je wieder zu Verfolgungen führen kann, haben die Juden im Verlauf ihrer Geschichte unzählige Male erfahren müssen. Bereits im pharaonischen Ägypten waren sie Fremdlinge, Fremdarbeiter, Fremdsklaven. Darum später die Weisung: »Ihr sollt den Fremdling lieben, denn ihr seid auch Fremdlinge gewesen im Lande Ägypten.« (5. Mose 10,19) Der Fremdling darf nicht bedrückt und ausgebeutet werden (5. Mose 24,14). Auch ihm steht zu, was auf dem Feld oder im Weinberg bei der Ernte zurückgelassen wird (5. Mose 24,19–22), am Herbstfest soll er fröhlich mit am Festtisch sitzen dürfen (5. Mose 16,11–14), vor Gericht muß er gleich behandelt werden wie die vollen Glieder des Volkes (5. Mose 1,16; 24,27; 27,19), nach einer jüngeren Deuteronomiumstelle ist er sogar einbezogen in die Gemeinschaft des Gottesvolkes (5. Mose 29,10–13)! All diese Weisungen und Gebote zielen darauf ab, »keine Klassenunterschiede entstehen zu lassen« (Otto Bächli) zwischen Israeliten und Fremdlingen, zwischen Einheimischen und Ausländern. Denn Jahwe selber liebt den Fremdling (5. Mose 10,18) ebenso wie seine Israeliten.

Möglicherweise hatte der Psalmist diese Fremden-Thora im Kopf und war um so bestürzter, daß in Mesek und Kedar andere, inhumanere Gepflogenheiten herrschten. Heute allerdings fragen palästinensische »Gastarbeiter« in Israel, wo die Fremden-Thora im Bewußtsein und in der Praxis der Israeliten denn geblieben sein mag? Gleich aber wird man auch hinzufügen müssen: wo ist sie im Bewußtsein vieler Europäer geblieben, die sich auf Christentum und »christliches Abendland« berufen?

Psalm 121

1 Ein Wallfahrtslied.
Ich hebe meine Augen auf zu den Bergen:
woher wird mir Hilfe kommen?
2 Hilfe kommt mir vom Herrn,
der Himmel und Erde gemacht hat.
3 Er läßt deinen Fuß nicht wanken,
dein Hüter schläft nicht!
4 Siehe, er schläft nicht
und schlummert nicht,
der Hüter Israels!
5 Der Herr ist dein Hüter,
der Herr ist dein Schatten
über deiner rechten Hand!
6 Tags wird dich die Sonne nicht schlagen
noch der Mond in der Nacht.
7 Der Herr behütet dich vor allem Bösen,
er behütet dein Leben.
8 Der Herr behütet deinen Ausgang und Eingang
von jetzt an und immerdar.

Erst denkt man vielleicht, hier handle es sich um ein Wallfahrtslied, das Pilger beim Anblick Jerusalems und des »Berges« Zion angestimmt und eventuell als Wechselgesang gesungen haben könnten. Eine wohl allzu erbauliche Vorstellung! – Eine andere Deutung geht davon aus, daß Berge damals Göttersitze, deshalb oft auch Kultorte waren. In diesem Fall wäre denkbar, daß Jerusalem-Pilger, an solchen Bergen unten vorüberziehend, sich die Frage (1) stellten: Von welchem dieser Gottesberge resp. Berggötter kann ich Hilfe erwarten? Möglicherweise war das bloß eine rhetorische Frage. Die Antwort konnte einzig lauten: Die Hilfe kommt von keinem dieser Berge resp. Götter, sie kommt allein von Jahwe, der Himmel und Erde und somit auch alle Berge gemacht hat (2). Nur *sein* Heiligtum kann Ziel der Wallfahrt sein! Gut paßten zu dieser Deutung die Verse 3 und 4: daß Jahwe weder schläft noch schlummert, könnte polemisch gegen Vegetationsgötter gesagt sein, die mit dem Naturkreislauf sterben, *schlafen* (vgl. 1. Könige 18,27), wiedererwachen.

Da der Psalm kaum zu datieren, d. h. keiner bestimmten Zeit zuzuordnen ist, bleibt sein »Sitz im Leben« schwer bestimmbar. Formal ist er als Wechselgespräch konzipiert, mindestens ist eine Frage (1)-Antwort (2–8)-Struktur erkennbar. Liegt in Vers 1 eine »Laien«-Frage, in 2–8 eine Priesterantwort vor? Einige Ausleger nehmen dies an und ordnen den Psalm der Tor- oder Pfortenliturgie zu, die am Eingang des Tempels stattfand (vgl. Psalm 15; 24,3–6). Für besser hält es Hans-Joachim Kraus jedoch, »an ein *Entlassungszeremoniell* zu denken, das sich beim Abschied von der heiligen Stätte abgespielt hat«. Der Rückweg der Pilger war keineswegs gefahrlos, er führte durch das wilde Bergland östlich von Jerusalem, durch oft schwieriges Gelände, das zudem Wegelagerer unsicher machten (vgl. Lukas 10,30). Aus der Schutzsphäre und Geborgenheit des Tempels trat der Rückkehrer wieder hinaus in die Ungeschütztheit, setzte sich mannigfachen Gefährdungen und Tücken aus – wer wird vor ihnen schützen können? Antwort (des Priesters?): Jahwe! Auch außerhalb des Tempelbereichs bleibt er »dein Hüter«, »dein Schatten über deiner rechten Hand« (5). Der Schatten der Kerub-Flügel (vgl. Psalm 17,8; 36,8; 57,2; 63,8; 91,1) ist als schützender Schatten *Jahwes* wirkmächtig, auch außerhalb des Heiligtums und außerhalb Jerusalems. Er geleitet den rückkehrenden Pilger auf dessen *rechter* Seite, d. h. auf der Seite, wo sich, z. B. in Gerichtsverfahren, der helfende Beistand und Verteidiger hinstellte (vgl. Psalm 16,8; 109,31; 110,5). Die deutschen Begriffe machen seit jeher deutlich, daß das Recht und sein Schutz der *rechten* Seite zugeordnet werden – jedenfalls im Patriarchat. Im Matriarchat kam dieselbe Funktion (Schutz, Geborgenheit, »Recht«) der linken Seite zu, entsprach dem männlichen Recht sozusagen »das weibliche ›Link‹« (Walter Robert Corti).

Jahwe, so Vers 6, wird den Pilger umfassend schützen, also auch gegen die Gefahren der Sonne (Sonnenstich, Kollaps und andere »Schläge«, vgl. Jona 4,8) und des Mondes, dem ebenfalls unheilvolle Wirkungen zugetraut wurden, in Babylonien z. B. die Auslösung von Fieber und Aussatz. Auch an das »lunatische« Leiden, die Mondsüchtigkeit, kann gedacht werden (vgl. Matthäus 17,5). Jahwe, der Behüter »vor allem Bösen« (7), wird jedenfalls dessen Gesundheit bewahren.

Ob der Psalm tatsächlich ein Entlassungszeremoniell für heimkehrende Pilger wiedergibt, wird wohl offenbleiben müssen. Tatsache ist, daß die Verse 7 und 8 zum beliebten Entlassungssegen christlicher Gottesdienste geworden sind. Mit »Ausgang« und »Eingang« ist vielleicht angespielt auf den jetzigen Abschied und die nächste Ankunft des Wallfahrers im Heiligtum. »Der segnende Priester sieht das Leben des Scheidenden ausschließlich unter der Ordnung der regelmäßigen Wallfahrt.« (Hans-Joachim Kraus) Und der heute segnende Pfarrer? Längst kann er nicht mehr mit der Regelmäßigkeit des Gottesdienstbesuches rechnen. Immer mehr Christen sind Selbstversorger, Rundfunkhörer, Fernsehzuschauer geworden. Müßte der Gottesdienstbesuch wieder mehr, wenn nicht als Wallfahrt, so doch als *Pilgergang* verstanden und gedeutet werden? Als ein leiblich bestätigendes Zeichen dafür, daß Gott *mit* dem geht, der *zu* ihm kommt?

Psalm 122

1 Ein Wallfahrtslied. Von David.
Ich freute mich, als man zu mir sagte:
»Zum Hause des Herrn pilgern wir!«
2 Und nun stehen unsere Füße
in deinen Toren, Jerusalem!
3 Jerusalem, gebaut als eine Stadt,
die fest zusammengefügt ist!
4 Dorthin pilgern die Stämme,
die Stämme des Herrn!
Eine Bestimmung für Israel ist es,
(daselbst) zu preisen den Namen des Herrn.
5 Ja, dort stehen Throne für das Gericht,
Throne des Hauses Davids.
6 Erbittet Heil für Jerusalem!
Friede sei denen, die dich lieben!
7 Friede wohne in deinen Mauern,
Friede in deinen Palästen!
8 Um meiner Brüder und Freunde willen
will ich Frieden erbitten für dich,
9 um des Hauses des Herrn, unseres Gottes, willen
will ich Gutes erflehen für dich!

Dieser Jerusalem-Psalm wurde *David* zugeschrieben (1), denn »erst David hat diese strategisch günstige, auf der Grenze zwischen Juda und Israel gelegene Stadt mit seinen Söldnern erobert und den Hügel Zion mit seiner Bergfeste zu seiner Residenzstadt gemacht; sie wurde so zu seinem und seiner Dynastie Eigentum, zur ›Davidsstadt‹... Erst durch David wurde Jahwe in Jerusalem zu einer Art Staatsgottheit, wurde Jerusalem so für ganz Israel und Juda zum kultischen Mittelpunkt – wurde es zu einer einzigartigen ›heiligen Stadt‹!« (Hans Küng) Leicht ist dem Psalm freilich anzumerken, daß hier keineswegs der in Jerusalem residierende David spricht, sondern ein späterer Pilger, der von außerhalb in die Stadt gekommen ist und bei deren Betreten (2) in lobpreisenden Jubel ausbrach (3–8). Ein poetisch überhöhtes Echo fand sein Jubel zweitausend Jahre später in Else Lasker-Schülers »Hebräerland« (1937): »Gott hat Jerusalem lieb. Er hat es in Sein Herz geschlossen.« Vom Zion schrieb sie anschaulich: »Hebt sich aus Stein und Stein empor, umrahmt von Gestein.« Obgleich der Zion längst tempellos ist, glaubte die Dichterin – oder wollte glauben: »Die Stadt segnet den Menschen, der sich nach dem Segen sehnt, die fromme Stadt tröstet den, der getröstet werden möchte.«

Nüchterner stellte 1991 Hans Küng die heutigen Realitäten fest: »Jerusalem, auf den Hügeln Judäas (etwa 800 m über dem Meer, nur 35 km vom Jordan entfernt), ist eine moderne Großstadt mit 400 000 Einwohnern und zugleich eine der ältesten ununterbrochen bewohnten Städte der Erde. Ja, Jerusalem ist eine Weltstadt, doch keine Industriestadt: Es ist eine Stadt mit 2500 Gebetshäusern, Synagogen, Kirchen und Moscheen (die allesamt keine Steuern bezahlen) und eine Stadt mit 1000 historischen Monumenten (die sehr viel Geld kosten). Dies alles erklärt, warum die kulturell so reiche Stadt Jerusalem finanziell eine arme Stadt ist, erklärt aber noch nicht, warum die arabische Bevölkerung im Vergleich zu dem neuen jüdischen Viertel gegenüber der ›Klagemauer‹, dem monumentalen Regierungs- und Museumsviertel und den die Stadt einkreisenden israelischen Trabantenstädten so eklatant benachteiligt wird.«

Zur Zeit des Psalmisten war freilich nicht so sehr die *Stadt* Jerusalem, sondern der *Tempel* das Zentralheiligtum des Zwölfstämmeverbandes, Ziel der Wallfahrt. Er war – nicht immer unbestritten! – das gemeinsame Kultzentrum (4). Zu seinem Bereich zählte ebenfalls die »Thronhalle« (5; vgl. 1. Könige 7,7) der Königsburg, wo die Könige der Davidsdynastie Recht sprachen (vgl. Psalm 72,1), d. h. als Richter resp. als höchste Berufungsinstanz walteten (vgl. 1. Könige 3,16–28). Die Nähe Jahwes im Allerheiligsten bedeutete für diese königliche Rechtsprechung ebenso wie für die priesterlich vermittelten Orakel- und Rechtssprüche sakrale Sanktion und höchste Verpflichtung. Das verzahnende Ineinandergreifen von Glaube und Recht, von Kult und Rechtsprechung war für Israel charakteristisch. Im Islam ist es in anderem Rahmen weitergeführt worden.

Der Lobpreis Jerusalems durch den Psalmisten gilt also der Stadt des *Tempels*! Für die Stadt erfleht er Frieden »um des Hauses Jahwes, unseres Gottes, willen« (9). Alle Friedenswünsche in 6–8 lassen den Namen »Jerusalem« anklingen, denn in »-salem« hören hebräische Ohren »Schalom«, das Wort für Frieden, Heil. Diese Friedens- und Heilsverheißung gründete darin, daß Gott im Tempel »seinen Namen wohnen« ließ (5. Mose 12,5). »›Schechina‹, ›das Wohnen‹, meint: Gottes Ausstrahlung ist hier machtvoll und für jeden Unbefugten gefährlich gegenwärtig – ein Mysterium tremendum et fascinosum.« (Hans Küng)

Auch nach der Zerstörung des Tempels blieb an Jerusalem eine erinnernde, zugleich erwartende Ahnung dieses Mysteriums haften, selbst in Zeiten, da die Stadt des Friedens umkämpft oder zerrissen war und ungeachtet der christlichen Ausspaltung in das reale und das »Neue Jerusalem«, das vom Himmel herabkommen wird (Offenbarung 21,2). »Jerusalem«, so scheint es, ist ein Begriff, eine Vorstellung geblieben für Gottes *irdische* Gegenwart, für Gottes *irdischen* Frieden. Flehend, beschwörend jedenfalls die Gedichtzeile Paul Celans (aus »Zeitgehöft«): »sag, daß Jerusalem *ist*…«

Psalm 123

1 Ein Wallfahrtslied.
Zu dir erhebe ich meine Augen,
der in den Himmeln thront.
2 Siehe: wie die Augen von Knechten
auf die Hand ihres Herrn,
wie die Augen einer Magd
auf die Hand der Gebieterin,
so blicken unsere Augen auf den Herrn, unseren Gott,
bis er sich unser erbarmt.
3 Erbarme dich unser, Herr, erbarme dich!
Denn wir haben die Verachtung satt,
4 übersatt ist unsere Seele
des Spottes der Sicheren,
des Hohnes der Hochfahrenden.

Israel ist geschlagen, erniedrigt. Viele sind im Exil, in der Zerstreuung. Für das gedemütigte Jahwe-Volk – und für seinen anscheinend machtlosen Gott – hatten andere Völker bloß noch Verachtung, Hohn und Spott übrig (3–5; vgl. Psalm 42,4.10–12; 115,2). Babylon triumphiert.

Israel – von seinem Gott also verlassen, am Ende? Eine Frage, die das Bibelvolk nicht zum ersten, nicht zum letzten Mal bedrängte. Immer wieder stellte der Triumph irgendeines Babylon seinen Glauben radikal in Frage.

Gab es überhaupt je ein anderes Volk, das seine Existenz trotzdem und auf Gedeih oder Verderb derart mit einem, mit *seinem* Gott verknüpft hat? Eine mögliche Parallele wären vielleicht indianische oder afrikanische Stämme und Völker vor der kolonialistischen Entwurzelung und Entfremdung. Doch war deren Leben und Identität an Naturgottheiten gebunden. Für Israel hingegen war Jahwe – anders als die kanaanäischen Gottheiten – gerade *keine* Naturgottheit! Man vertraute vielmehr darauf, daß er schöpferisch bestimmend und Not wendend in die *Geschichte* eingreife. Gerade ein solches Vertrauen geriet stets wieder in Erschütterungen und Krisen: Wie denn, wenn dieser in der Geschichte gebietende Gott *nicht* für sein Volk eingreift? Wenn er, anstatt zu reden, sich in Schweigen hüllt? Von Babylon bis Auschwitz dieselbe Frage! Aber auch dieselbe Reaktion schließlich: »Zu *dir* erhebe ich meine Augen...« (1)! Andere machen sich lustig über diesen seltsamen Gott, der sein Volk scheinbar im Stich läßt – dennoch bleiben die Augen Israels, in dessen Namen der Psalmist hier spricht, auf Jahwe gerichtet wie die Augen von Knechten auf die Hand ihres Gebieters, die Augen einer Magd auf die Hand ihrer Herrin (2). Diese Vergleiche signalisieren eine erwartungsvolle Bereitschaft, die sich den Tatsachen der Welt nicht beugt, sich schon gar nicht vor ihnen verbeugt. Der Betende gewärtigt jederzeit das Handzeichen Gottes (vgl. 3), das die Wende zum Heil bewirken wird. »Die Zukunft der Juden hängt einzig davon ab, ob sie JHWH aufgeben oder sich nur fester an ihn binden.« (Karl Wolfskehl im Blick auf den europäischen Holocaust)

Psalm 124

1 Ein Wallfahrtslied. Von David.
Wäre nicht der Herr für uns gewesen
– so spreche Israel –,
2 wäre nicht der Herr für uns gewesen,
als Menschen sich wider uns stellten,
3 dann hätten sie uns lebend verschlungen,
als ihr Zorn aufflammte gegen uns,
4 dann hätten die Wasser uns fortgespült,
der Wildbach hätte uns überflutet,
5 dann hätten uns überflutet
die tobenden Wasser.
6 Gepriesen sei der Herr,
der uns ihren Zähnen
nicht preisgab zum Zerreißen!
7 Unser Leben gleicht dem Vogel,
der dem Netz des Vogelfängers entschlüpfte:
das Netz zerriß –
und wir konnten entwischen!
8 Unsere Hilfe ist im Namen des Herrn,
der Himmel und Erde gemacht hat!

Wie die vorangegangenen und die nachfolgenden Psalmen ein Wallfahrtslied (1). Pilgerrouten waren damals keine fest gebauten Straßen. Bei Gewittern oder zur Regenzeit konnten sie plötzlich zur Falle werden. Niederstürzende Wildbäche schnitten Durchgänge ab, überfluteten die Talböden, machten sie ungangbar (vgl. 4/5). Oft auch fielen Räuber über die Wallfahrer her (vgl. 2/3), so daß es sich empfahl, in möglichst großen Gruppen unterwegs zu sein, doch war das nicht immer und nicht auf allen Wegstrecken organisierbar. Jedenfalls reiste man nie zum Vergnügen, sondern nur, wenn man mußte. Wer zur Wallfahrt aufbrach, mußte Beschwerlichkeiten und Gefährdungen gewärtigen, über die wir Tourismus-Verwöhnten uns kaum noch Rechenschaft geben. »Noch einmal davongekommen!« dürfte manch ein Pilger aufgeatmet haben, wenn er mit Gottes Hilfe (vgl. 6.8) heil wieder heimgekehrt war. Somit lag es nahe, aus der Pilgererfahrung ein Lebensgleichnis zu machen sowohl für den einzelnen wie vor allem für die je wieder neu bedrohte Existenz ganz Israels: »Unser Leben gleicht dem Vogel, / der dem Netz des Vogelfängers entschlüpfte...« (7) Das Netz des Vogeljägers: eine Art Schlagnetz, »das mit einem Stellholz versehen war und den Vogel, der sich auf der Lockspeise niederließ, unversehens erfaßte« (Hermann Guthe; vgl. Amos 3,5).

Wie Psalm 129 ist also auch dieser Psalm ein »Loblied der Befreiten« (Claus Westermann). Blickt es auf *eine* bestimmte oder auf *verschiedene* Errettungen Israels zurück? Sicher ist jedenfalls: »Wäre nicht Jahwe für uns gewesen...« (1/2), so hätte Israel nicht überlebt! Dies soll Israels Bekenntnis sein (»so spreche Israel«, 1) – und dies ist durch die Zeiten hindurch Israels Bekenntnis geblieben.

Der Bekenntnispsalm 124 ist gleichsam eine Antwort auf den Bittpsalm 123. Der dunkle Hintergrund beider nachexilischer Psalmen ist die Frage, ob Jahwe sich vielleicht nicht von seinem Volk abwenden, es für immer seinen Feinden preisgeben könnte? Die erfahrene(n) Errettung(en) zeigt(en) aber an, daß er tödliche Fangnetze schließlich doch zerreißt und sein Name (8) Befreiungskraft hat.

Psalm 125

1 Ein Wallfahrtslied.
Die auf den Herrn vertrauen,
sind wie der Zionsberg,
der nie wankt, der ewig dasteht.
2 Berge sind rings um Jerusalem her,
so ist der Herr rings um sein Volk,
jetzt und immerdar.
3 Denn er läßt das gottlose Zepter
nicht lasten auf dem Erbteil der Bewährten,
auf daß die Bewährten nicht (auch)
ihre Hände nach Frevel ausstrecken.
4 Tu Gutes, Herr, den Guten
und denen, die aufrichtigen Herzens sind!
5 Die aber abbiegen auf krumme Wege,
die lasse der Herr fahren
samt den Übeltätern!
Friede über Israel!

Haben Könige, Heerführer, Regierungen, Notabeln abgewirtschaftet, Land und Volk ruiniert, so richtet sich die letzte oder die neue Hoffnung auf bisher Machtlose, aber Bewährte, »die auf den Herrn vertrauen« und dadurch verläßlich sind »wie der Zionsberg, der nie wankt, der ewig dasteht« (1). Nur in ihnen, den Zaddikim, kann sich das geschlagene, durch das »gottlose Zepter« (3) der Fremdherrschaft gedemütigte Volk wiederfinden und als *Jahwes* Volk wiedererkennen, wiederaufrichten.

Gedacht ist hier wahrscheinlich an die Niederlage, die zur Zerstörung Jerusalems und zum babylonischen Exil geführt hat. Damit schien die alte »politische Klasse«, die auf »krumme Wege« abbog (5), ausgespielt zu haben. Hat Jahwe sie nicht exemplarisch fahren und fallen lassen? Nein, sie soll sich nicht wieder etablieren dürfen! Jetzt endlich sollen die »Bewährten«, die, weil sie auf Jahwe vertrauen, sich nie ehrgeizig vordrängten, zum Zuge kommen, denn *sie* sind das wahre Israel, *sie* sollen das Land erben (»Erbteil«, 3; vgl. Jesaja 57,13; 60,21; 65,9) und müssen sich deshalb hüten, von der Jahwe-Entfremdung angesteckt zu werden, die unter der Fremdherrschaft des »gottlosen Zepters« (3) um sich griff.

Auf den, dem die Bewährten vertrauen, ist jedenfalls nach wie vor Verlaß: wie Berge rings um Jerusalem, so ist »Jahwe rings um sein Volk« (2). Im Deutschen läßt sich daraus ein Wortspiel machen: Wie die Berge Jerusalem bergen, so birgt Jahwe sein Volk. Nur deswegen wird – die Bewährten wissen es! – die Fremdherrschaft ein Ende haben und eine neue Zukunft anbrechen können, die dem abschließenden Bittruf entspricht: »Friede (oder: Heil) über Israel!« (5)

Der Psalm artikuliert die so oft enttäuschte, nie jedoch »erledigte« Hoffnung auf eine neue Gerechtigkeit, deren Exponenten »die Guten« mit aufrichtigem Herzen sind (4). Es ist die Hoffnung auch der Seligpreisungen Jesu, die in Matthäus 5,5 und 8 Vorstellungen des Psalms (vgl. 3 und 4) aufnehmen, aber noch konziser, vor allem *universaler* formulieren.

Psalm 126

1 Ein Wallfahrtslied.
Als der Herr wandte Zions Geschick,
waren wir wie Träumende.
2 Voll Lachen war unser Mund,
voll Jubel unsere Zunge!
Und unter den Völkern sagte man:
»Der Herr hat Großes an ihnen getan!«
3 Ja, der Herr hat Großes an uns getan,
fröhlich sind wir geworden!
4 Wende, Herr, unser Geschick,
wie du im Südland
versiegte Bäche wiederbringst.
5 Die mit Tränen säen,
werden mit Jubel ernten.
6 Man schreitet und weint im Schreiten
und wirft den Samen aus.
Einst (aber) kommt man, kommt mit Jubel,
trägt seine Garben heim.

I

Die große Wende in Zions Geschick, auf die der Psalm in 1–3 zurückblickt, war, als Folge der Eroberung Babylons durch die Perser, die Heimkehr der jüdischen Verbannten aus ihrem Exil. »Wie Träumende« (1) fühlten sich die Befreiten. In ihrem Jubel meinten sie, nunmehr müßten selbst jene Völker, die zuvor oft höhnisch gefragt hatten: »Wo ist denn ihr Gott?« (Psalm 79,10; 115,2), Jahwes Macht über *alle* Völker anerkennen (2). Lachen, Jubel begleitete jedenfalls die Wende, denn jetzt eröffnete sich dem so lange gedemütigten »Zion« – hier »Inbegriff des im Zentralheiligtum versammelten Gottesvolkes« (Hans-Joachim Kraus) – eine neue Zukunft: »Jahwe hat Großes an uns getan, fröhlich sind wir geworden!« (3)

Warum dann aber gleich danach doch wieder die Bitte: »Wende, Herr, unser Geschick…!« (4)? Das scheint wenig logisch zu sein. Aber die Realität hat ihre eigene Logik. Auf *sie* bezieht sich der Psalm, nicht auf Träume, Wunschträume.

Zwar war die geschehene Wende für die Juden epochal gewesen. Doch war mit ihr keineswegs auch schon die messianische Heils- und Endzeit angebrochen, von der in frühnachexilischer Zeit manche glaubten, sie stehe unmittelbar bevor. Die Rückkehr aus dem babylonischen Exil kam, ohne Verschulden der Perser, nur langsam in Gang. Auch vollzog sich nach dem Befreiungsedikt (538 vor Christus) Kyros II. – des Begründers der gut 200jährigen Weltherrschaft der Perser und »für viele Iraner bis heute der Vater des Vaterlands« (Hans Küng) – der Wiederaufbau Jerusalems eher schleppend. Der neue, d. h. zweite Tempel konnte erst 515 vor Christus eingeweiht werden. So wundersam plötzlich die große Wende eingetreten war, so langwierig und oft frustrierend gestaltete sich – zumal für messianisch Ungeduldige! – der Alltag des Wiederaufbaus unter der toleranten persischen Oberhoheit. Lachen und Jubel (2) wichen der Kleinarbeit und Mühsal inmitten einer widerspenstigen, bald wieder heil- und perspektivenlos anmutenden Realität (vgl. dazu Jesaja 59,9–11). Zudem blieb eine weltweite Machtoffenbarung

Jahwes aus. Von End- und Heilszeit somit keine Rede. Nach dem großen Jubel die große Ernüchterung! Eine Erfahrung, wie sie sich bereits in Psalm 85 widerspiegelte. Inzwischen sind wir durch so manche enttäuschte »Naherwartung« – z. B. auch Jesu und der ersten Christen! – noch skeptischer geworden, desillusionierter wohl auch. Der französische Historiker Georges Dumézil (1898–1986) sagte am Ende seines Lebens: »Ich bin überzeugt, daß die Geschichte der Menschheit kein Ziel hat. Sie ist nicht zu etwas bestimmt. Es sei denn dazu, zerstört zu werden wie die Dinosaurier untergegangen sind.« Danach wäre die Erwartung, Gottes Herrschaft werde die Geschichte gleichsam krönen, eine Illusion. Die Geschichte hat kein Ziel, sie wird nur ein Ende haben. Jüdischer hingegen, zutiefst jüdisch sogar, Franz Kafka: »Es gibt ein Ziel, aber keinen Weg. Was wir Weg nennen, ist Zögern.« Zwei höchst unterschiedliche Arten von Nüchternheit!

Richtete sich, in einer Zeit der Ernüchterung, die Bitte »Wende, Herr, unser Geschick...« (4) wohl gar nicht mehr auf einen universalen Umschwung zur End- und Heilszeit, sondern bescheidener, dafür realistischer, auf eine mögliche, auch praktikable Verbesserung der eigenen Lebensumstände? Der Vergleich (4b) mit der Wiederbringung der Bäche im Südland (Negeb) könnte tatsächlich auf ein »Versiegen« des anfänglichen Wiederaufbau-Elans anspielen: Was jetzt nötig wäre und vermutlich auch der Sinn der Bitte sein dürfte, ist, im Bild gesprochen, ein – durch Regen von oben her bewirktes – Neuaufsprudeln der erschöpften Quellen, der versiegten Bäche. Nicht im Bild gesprochen: eine Wiederbelebung ermatteter Motivationen und Kräfte durch Jahwe.

Der Bitte folgt die ermutigende Verheißung: »Die mit Tränen säen, werden mit Jubel ernten.« (5) Weinend – vor Jammer, Elend – wird der Samen ausgeworfen; dereinst aber, wenn die Ernte eingebracht werden kann, bricht Jubel aus (6). Der Hinweis auf Aussaat und Ernte mahnt zur Geduld. Es braucht Zeit, damit die Saat wachsen kann – Zeit und Gottes Hilfe! Emmanuel Lévinas: »Als Geduld des Wartens ist die Zeit Frage, Suche, Bitte und Gebet.«

2

Der Geschichte ist nicht zu entnehmen, daß sie jemals im Reich Gottes ihre Erfüllung finden könnte. Sie bleibt »l'éternelle misère de tout« (Gustave Flaubert). Und doch: »An einen Gott glauben heißt sehen, daß es mit den Tatsachen der Welt noch nicht abgetan ist.« (Ludwig Wittgenstein) Vollends wird sich der Glaube der neoliberalen These nicht anschließen können, wonach mit dem derzeit globalen Sieg des Kapitalismus das »Ende der Geschichte« erreicht sei. Er wird sich freilich auch hüten vor voreiligen und erst recht vor politischen Messianismen. Hierin könnte ihm das historische Beispiel der jüdischen Entwicklung als Lehre dienen: »Einzig indem sich das rabbinische Judentum des politischen Messianismus enthielt und sich strikt auf die Normierung des alltäglichen Lebens konzentrierte, garantierte es den Fortbestand der Juden« (Micha Brumlik) – und damit doch auch wieder der messianischen Hoffnung! Wo diese Hoffnung zur Jenseitshoffnung ent-weltlicht wurde – nicht bei Jesus, aber weithin dann im Christentum –, erlahmte, verblich allmählich die Erwartung einer neuen *Erde*, eines »Schalom«-Zustandes der Menschheit und der Schöpfung insgesamt, eines Friedens also zwischen den Dingen, wo alles an seinem richtigen Ort steht, wo Menschen und Kreaturen »ohne Trennung und Störung beieinander in der Welt wohnen« und »die Einheit Gottes sich unverstellt auch in der Einheit der Welt manifestiert« (Gershom Scholem). Kein Zweifel, eschatologische und messianische Erwartungen sind, wenn nicht kleinlaut, so doch leiser geworden. Triumphalismus steht ihnen schlecht an, könnte sie bloß noch unglaubwürdiger machen. »Es gibt bei den Chassidim einen Spruch von der kommenden Welt, der besagt: es wird dort alles eingerichtet sein wie bei uns. Wie unsere Stube jetzt ist, so wird sie auch in der kommenden Welt sein; wo unser Kind jetzt schläft, da wird es auch in der kommenden Welt schlafen. Was wir in dieser Welt am Leibe tragen, das werden wir auch in der kommenden Welt anhaben. Alles wird sein wie hier – nur ein klein wenig anders.« (Walter Benjamin)

Psalm 127

1 Ein Wallfahrtslied. Von Salomo.
Wenn der Herr nicht das Haus baut,
mühen sich umsonst, die daran bauen.
Wenn der Herr nicht die Stadt behütet,
wacht der Wächter umsonst.
2 Umsonst ist es auch, daß ihr früh aufsteht
und spät euch niedersetzt
und das Brot der Mühsal eßt –
was er gibt, gibt er
seinem Freund im Schlaf.
3 Siehe: Söhne sind eine Erbgabe des Herrn,
ein Lohn die Frucht des Leibes!
4 Wie Pfeile in der Hand des Wehrhaften,
so sind die Söhne der Jugend.
5 Glücklich der Mann,
der seinen Köcher mit ihnen füllte!
Er wird nicht zuschanden,
wenn er mit Widersachern redet im Tor!

1

Der Psalm ist später Salomo, dem Tempelerbauer, zugeschrieben worden (1), vielleicht, weil priesterlicher Deutungseifer die Wörter »Herr« und »Haus« zu »Haus des Herrn« kurzschlossen. Doch bezieht sich der Psalm nicht auf den Bau des Tempels, sondern auf den Bau eines gewöhnlichen Hauses. »Haus« meint hier das Wohnhaus wie auch die darin lebende Familie.

Deutlich zerfällt der der Weisheitsdichtung zuzurechnende, also nachexilische Psalm in zwei – ursprünglich vielleicht selbständige – Sprüche für einen Mann, der daran geht, eine Familie zu gründen. Waren es Mahn- und Segensworte, wie sie ein junger Familiengründer im Tempel, wohin er gepilgert ist, hat empfangen dürfen? Der erste Spruch (1–2) handelt vom Hausbau und von der Mühsal der täglichen Arbeit, der zweite Spruch (3–5) vom Segen männlicher Nachkommenschaft.

Refrainartig schärft der erste Spruch ein: Alle Arbeit, Sorge, Vorsorge bleibt vergeblich, wenn nicht Jahwe selbst das Haus baut, schützt, segnet. Dies gilt ebenfalls für die Stadt, in der das Haus steht. Ohne Jahwes Schutz »wacht der Wächter umsonst« (1), gibt es keine gemeinsame und öffentliche Sicherheit. Selbst noch so viel Polizei und Militär können sie nicht garantieren, wenn Gottes Schutz ausbleibt. Vergeblich auch das eigene Sorgen, Rackern von früh bis spät (2). Gott, *er* allein, ist der Geber aller Gaben (vgl. Psalm 104,27; 145,15/16): »Was er gibt, gibt er seinem Freund im Schlaf« (2).

Arbeit, Leistung? Aber ja und selbstverständlich: »Arbeiten ist dem Menschen so natürlich wie dem Vogel das Fliegen.« (Huldrych Zwingli) Doch stellt der Psalmspruch die menschliche Leistung an den ihr zukommenden Ort, verweist sie damit auch in ihre Schranken. Aus ihm läßt sich jedenfalls keine schrankenlose Leistungs- und Machbarkeits*ideologie*, wohl aber deren Kritik ableiten. Der Glaube an Gottes unentbehrlichen Segen bricht jede Leistungshybris. Die von der

Thora geforderte Solidarität mit den Armen, den Schwachen grenzt Leistungs- und Wettbewerbsegoismen erst recht ein.

2

Der zweite Spruch (3–5) preist den Mann glücklich, der Söhne, viele Söhne hat. Sie waren es, die unter dem patrilinearen (Erb-)Recht *seinem* »Haus«, *seinem* Geschlecht den Fortbestand garantierten. Sie schafften dem Vater überdies Respekt und Ansehen, konnten ihm, einmal herangewachsen, auch beistehen, falls er, in Streitigkeiten verwickelt, im Tor seiner Ortschaft vor dem lokalen Richter stand (5).

Erneut zeigt diese Glücklichpreisung, daß in den Psalmen wie in der gesamten hebräischen Bibel (aber keineswegs *nur* in ihr!) »die conditio humana mit den Lebensbedingungen erwachsener Männer ineinsgesetzt wird«: »Der Mann ist das Maß alles Menschlichen.« (Ina Praetorius) Männlich geprägt ist auch die Sprache, sie macht weibliches Leben nahezu unsichtbar. So erfahren wir aus den Psalmen so gut wie nichts über Leben und Denkweise, über Nöte und Hoffnungen israelitischer Frauen. Inexistent auch die Töchter! Einzig Söhne zählten. Vermutlich ist, jedenfalls in vorexilischer Zeit, auch die Beduinensitte der Mädchenaussetzung praktiziert worden. An sie erinnert in Ezechiel 16,4–14 die – allerdings höchst eindrückliche – Metapher vom »Mädchen« Jerusalem, das aufs offene Feld geworfen wurde, »weil man dein Leben nichts achtete an dem Tage, da du geboren wurdest« (Ezechiel 16,5). Der Brauch, unerwünschte Mädchen nach der Geburt zu beseitigen, blieb jedoch noch lange und weithin üblich. Auch Mohammed mußte sich zum Anwalt dieser hilflosen Geschöpfe machen! Er beschreibt das letzte Gericht als jenen Tag, da u. a. »das Mädchen, das (nach der Geburt) verscharrt worden ist, gefragt wird, wegen was für einer Schuld man es umgebracht hat« (Koran, Sure 81,8/9). Das Patriarchat hat Töchter nicht allein in der Sprache, sondern lange Zeit auch in der Realität zum Verschwinden gebracht…

Ein Beispiel für androzentrische oder patriarchale Sprache und Frauen-Verschweigung liefert Vers 3 des Psalms: Der Lohn und die Gabe Jahwes (an den Mann, den Vater!) ist die männliche »Frucht des Leibes«. Die Frau, die Mutter wird nicht erwähnt, sie erscheint nur als »Leib« – falls mit »Frucht des Leibes« nicht sogar gemeint ist: des männlichen Leibes...

Unverkennbar jedenfalls die Vorstellung: eigentlicher Erzeuger des Kindes ist allemal der Mann, die Frau dagegen bloßes »Gefäß« (so noch in 1. Thessalonicher 4,4) seines Samens. Das bedeutet auch: das embryonale Wachstum verdankt sich einzig dem Sperma! Damit beanspruchte der Mann eine lebensschaffende Exklusiv-, wenn nicht sogar Allmacht, während das vorausgegangene Matriarchat von der lebensschaffenden Exklusivmacht der Mutter, d.h. von der mütterlichen »Zeugung« ausgegangen war. Die Emanzipation des Mannes vom Matriarchat setzte der früheren eine neue Einseitigkeit entgegen, deren Unhaltbarkeit erst der 1883 erbrachte Nachweis aufdeckte, »daß zur Entstehung neuen Menschenlebens der weibliche Anteil der Eizelle ebenso wichtig ist wie der männliche Anteil des Spermas« (Carola Meier-Seethaler). Diese Entdeckung hat dem Prioritäts- und Herrschaftsanspruch des Mannes die bisherige Voraussetzung entzogen, zunächst freilich ohne unmittelbare Folgen, auch ohne *theologische* Folgen. Das bisherige männliche Gottesbild, basierend auf der Annahme, der Mann sei die lebensschaffende Kraft, weshalb auch Gott als Schöpfer männlich vorgestellt werden müsse, blieb vorerst weiter wirksam. Doch nunmehr gehen feministische Theologinnen daran, die Erkenntnis zu artikulieren, »daß Gott *anders* ist als unsere Vorstellungen, die überwiegend männlich bestimmt sind. Er ist *auch* weiblich, aber er ist zugleich *mehr* als weiblich und männlich... ›Als Mann und Frau schuf Gott sie‹ (1. Mose 1,27) *muß* bedeuten, daß in Gott Männliches und Weibliches, Weibliches und Männliches enthalten sind. Es kann nichts außer Gott sein, das nicht zuvor in ihm war.« (Herlinde Pissarek-Hudelist)

Psalm 128

1 Ein Wallfahrtslied.
Glück jedem, der den Herrn fürchtet,
der in seinen Wegen geht!
2 Was deine Hände erarbeiteten,
wohlan, du (selber) darfst es essen –
Glück dir! Du wirst es gut haben!
3 Deine Frau gleicht einem fruchtreichen Weinstock
im Innern deines Hauses,
deine Kinder sind wie junge Ölbäume
rings um deinen Tisch!
4 Ja, so wird gesegnet der Mann,
der den Herrn fürchtet!
5 Der Herr segne dich vom Zion aus,
damit du Jerusalems Glück schaust
dein Leben lang,
6 damit du schaust die Kinder deiner Kinder!
Friede über Israel!

Eine Heils- und Glückszusage an den Zaddik, der Jahwe fürchtet und »in seinen Wegen geht« (1), d. h. sich an die Thora, die Weisung, hält, denn: »Die Thora ist in erster Linie ›Weg Gottes‹, nicht ›Gesetz Gottes‹.« (Abraham J. Heschel; vgl. 5. Mose 10,12) Denkbar wäre, daß dieser Psalm von einem Priester als Gruß denjenigen zugerufen wurde, die als »Bewährte« den Tempel betraten.

Zum Glück, wie es dem Zaddik zugesagt wird, zählt das fundamentale Recht, von der Arbeit der eigenen Hände leben zu dürfen (2) – keine Selbstverständlichkeit z. B. unter einer Fremdherrschaft, wie der nachexilische Psalmist sie wohl vor Augen hatte (vgl. Klagelieder 5,2–6). Auch heute noch keine Selbstverständlichkeit z. B. in der Dritten Welt und deswegen ein nach wie vor einzuforderndes Menschenrecht.

Zum Glück des »Bewährten« gehört wesentlich das Gedeihen seiner Familie (3). Anders als in Psalm 127 wird hier nun – in einer fast idyllischen Familien-Metapher! – die Frau und Mutter der Kinder ausdrücklich erwähnt. Zugleich aber – und hier endet die Idylle schon wieder – wird sie an den einzigen Ort gestellt, den ihr das Patriarchat nach seinem Sieg zugewiesen hat, nämlich in das »Innere *deines* Hauses« (3), wo nicht ihre, auch nicht »eure«, sondern ebenfalls »*deine* Kinder« wie junge Ölbäumchen rings um den Tisch sitzen. Haus, Frau, Kinder waren Eigentum des Mannes. Darum ja spricht auch dieser Psalm ausschließlich vom Glück und Heil des *Mannes* in der selbstverständlichen Annahme, *sein* Glück und Wohlergehen sei identisch mit demjenigen der ganzen Familie. Dies konnte tatsächlich oft auch der Fall sein, jedenfalls dann, wenn Frau und Kinder sich damit abfanden, ihre Bedürfnisse gehorsam auf diejenigen des Familienvaters abzustimmen.

Da Jahwe seinem Volk auf dem Zion nahe ist, segnet er gottesfürchtige Männer ebenfalls vom *Zion* aus (5). Das Heiligtum in Jerusalem ist der Segensquell für alle einzelnen. Insofern ist »Jerusalems Glück« ein Inbegriff für das Volk, auch für die kommenden Generationen (6), in denen es, das damals noch keine Jenseitshoffnung kannte, weiterlebte.

Psalm 129

1 Ein Wallfahrtslied.
Sie haben mich oft bedrängt von meiner Jugend an
– so soll Israel sprechen –,
2 sie haben mich oft bedrängt von meiner Jugend an,
dennoch haben sie mich nicht zu überwältigen vermocht!
3 Auf meinem Rücken pflügten die Pflüger
und haben lange Furchen gezogen.
4 (Doch) bewährt ist der Herr!
Er hat die Stricke der Frevler zerhauen!
5 Schämen müssen sich und zurückprallen
alle, die Zion hassen!
6 Sie gleichen dem Gras auf den Dächern,
das, ehe man's ausrauft, verdorrt ist,
7 mit dem sich der Schnitter nicht die Hand
noch der Garbenbinder den Arm füllen kann,
8 so daß die Vorübergehenden niemals ausrufen:
»Der Segen des Herrn sei mit euch!« –
Wir segnen euch im Namen des Herrn!

Meistens ist das Ich der Psalmen das eines einzelnen, hier aber – wie z. B. auch im Danklied Jesaja 12,1–6 oder in Micha 7,7–13 – spricht Israel in der ersten Person Singular (1). Es hält Rückschau auf seine Geschichte die seit der Sklavenzeit in Ägypten eine Geschichte der Bedrängnisse war. Dennoch haben die Feinde »mich nicht zu überwältigen vermocht« (2), selbst wenn es ihnen gelang, Israel niederzuwerfen und auf seinem Rücken zu pflügen, lange Furchen aufzureißen (3): ein krasses Bild der gnadenlosen Verdinglichung Unterworfener! Bis in dieses Jahrhundert hinein hat der Pflug von Siegern tiefe Furchen, Wunden in Israels Rücken gerissen. Blutig konnten »die Frevler« (4) über dieses Volk triumphieren, nicht jedoch über Jahwe! *Er* hat die Stricke der Jochseile stets wieder zerhauen, mit denen sie Israel erst zu ihrem Zug-, dann zu ihrem Schlachttier machten (4). Jahwe hingegen, Israels Schutzherr, ließ sich nie vor den Karren der Unterjocher spannen. Er hielt zu Israel, bewährte sich als sein Herr und Befreier (4). Darum werden die Hasser des Zion auch in Zukunft beschämt werden (5). Sie sind wie Gras, das auf Lehmdächern wächst, aber keinen Wurzelgrund hat, weshalb es rasch verdorrt (6) und für Schnitter und Garbenbinder unbrauchbar bleibt (7), auch keines Segenswortes gewürdigt wird (8).

Auf die Frage, in unserer Zeit von Nelly Sachs gestellt – »Warum die schwarze Antwort des Hasses / auf dein Dasein, Israel?« –, scheint der Psalm antworten zu wollen: Der Haß gilt Israel, weil es *Jahwes* Volk ist. Und warum dieser Haß gegen Jahwe? Seine Gegenwart, sein Handeln – als *diesseitiger* Schutzherr und Helfer von Schwachen, Erniedrigten! – schien und scheint die Völker aufzuregen, herauszufordern. Ist der Haß gegen Zion (5) tatsächlich Jahwe-Haß, so ist Israels Dennoch (2)-Existenz ein um so stärkeres Zeugnis *für* Jahwe! Oder zeitgenössisch formuliert: »Das nackte Überleben unseres Volkes ist Kiddusch haschem«, Heiligung des (Jahwe)-Namens (Abraham J. Heschel). Mit ihr verträgt sich allerdings schlecht, daß nunmehr im Staate Israel auf dem Rücken der Palästinenser gepflügt wird.

Psalm 130

1 Ein Wallfahrtslied.
Aus der Tiefe rufe ich dich, Herr!
2 Höre (doch) meine Stimme,
laß deine Ohren aufmerken
auf mein lautes Flehen!
3 Wenn du Fehlverhalten anrechnest,
Herr, wer könnte bestehen?
4 Doch bei dir ist Vergebung,
damit man dich fürchte.
5 Ich hoffe, Herr,
meine Seele hofft,
ich warte auf dein Wort!
6 Meine Seele harrt auf den Herrn,
mehr als der Wächter auf den Morgen,
mehr als der Wächter auf den Morgen!
7 Harre, Israel, auf den Herrn,
denn nur beim Herrn ist die Huld
und viel Erlösung bei ihm!
8 Ja, er wird Israel erlösen
aus allen seinen Fehltaten!

I

Aus welcher Tiefe (1) rief der Psalmist zu Jahwe? Man wird sich hüten müssen, in »Tiefe« unbesehen die gesamte spätere Sündentheologie des Christentums hineinzuinterpretieren. Ebensowenig wird man sie im Sinne der Tiefenpsychologie oder der Existenzphilosophie deuten dürfen, die beide auf die Lebenssituation und Daseinsangst des atomisierten und neurotisierten Menschen in der neuzeitlichen Industriegesellschaft bezogen sind. Dem hebräischen Wortsinn nach scheint die Tiefe, von der der Psalmist spricht, eine höchst reale gewesen zu sein, nämlich (wie in Psalm 69,2–3.15–16) die »Wassertiefe«, Wasserschlammtiefe einer Grube resp. Zisterne, in die geworfen oder abgeseilt (vgl. Jeremia 38,6) wurde, wer einer Untat beschuldigt war. In solch einem finsteren Wasserschlammloch erfuhr sich der dort Eingesperrte als von Gott und der Gemeinschaft verworfen und deshalb fast schon in der »Scheol«, der Schattenwelt des Ausgelöschtseins und der Gottesferne.

Geht man aus von dieser realen Schreckenserfahrung, so zögert man, in den Versen 3 und 8 das Wort »Sünden« zu gebrauchen. Es hat in der christlichen Tradition ein zu großes Bedeutungsfeld entwickelt. Anstatt »Sünden« setze ich deswegen – wie ich glaube: wortnäher, dem hebräischen Begriff entsprechender – »Fehlverhalten« (3), »Fehltaten« (8). Anders als in der christlichen Sündentheologie, die Sünde als das Seinsverhängnis der gefallenen Menschheit versteht, kennt die hebräische Bibel keine derartige Urschuld. Die Geschichte vom »Sündenfall« (1. Mose 3,1–24) ist eine Geschichte unter andern Geschichten, in der hebräischen Bibel wird nur in Hosea 6,7 noch einmal auf sie angespielt, sonst bleibt sie unerwähnt, wird ihr keine seinsbestimmende Bedeutung zugeschrieben. »Sünde« ist hier meist ein konkretes Tun, ist Fehlverhalten, Fehltat gegenüber der Thora, die Jahwes Gemeinschaft mit seinem Volk, damit auch die Gemeinschaftsverhältnisse zwischen den Menschen dieses Volkes begründet. Mithin liegt das Hauptgewicht auf der *Gemeinschaftswidrigkeit* (gegen Jahwe, gegen die Volksgenossen resp. Genossen des Jahwe-Bundes) eines Verhaltens, eines Tuns.

2

Welchen thora- und gemeinschaftswidrigen Verhaltens hat der Psalmist sich schuldig gemacht? Wir erfahren es nicht. Er selber weiß sich jedenfalls schuldig (3), fleht Jahwe um Vergebung an (3–4), denn nur sie kann ihn erretten, läßt Menschen vor Jahwe »bestehen« (3). Doch ist Vergebung keineswegs Gottes »métier«, wie Voltaire spottete, kein göttlicher Automatismus. Sonst wäre es sinnlos, sie zu erflehen. Sie bliebe auch folgenlos. Doch die Vergebung hat Folgen, will Folgen bewirken: »Doch bei dir ist Vergebung, *damit man dich fürchte*!« (4) Ein für heutige Ohren vielleicht überraschender Satz! Nicht die Fehltat (oder: Sünde), sondern erst deren *Vergebung* bewirkt Furcht vor Gott! Somit muß diese Furcht etwas anderes sein als die Furcht oder gar Angst des schlechten Gewissens vor einem Gott, der Gebotsübertretungen bestraft. Als Reaktion auf Gottes Vergebung ist Gottesfurcht vielmehr ein befreites, ein staunendes und ehrfürchtiges Gewahrwerden, daß Gott mir weder als repressives Über-Ich noch als permissives Doppel-Ich, sondern ganz anders, nämlich als unbestechlich freies, unbestechlich liebendes, darum auch befreiendes Du begegnet. Deshalb bewirkt seine Vergebung, was keine Strafangst je zuwege bringen kann: sie macht demütig und – nunmehr in Freiheit! – willig für Gottes Willen und Weisung, sie macht damit auch fähig, *neu* fähig, zur Gemeinschaft, zum menschlichen Zusammenleben gemäß der Thora, die – so Emmanuel Lévinas – »die lästige Liebe« ist: »Die Mitzwah, das Gebot, das den Juden umtreibt, ist kein moralischer Formalismus, sondern die lebendige Anwesenheit (d. h. Gegenwart) der Liebe...«

3

Der Psalmist könnte ein Zaddik gewesen sein, einer der Bewährten und Thora-Treuen, die – mit Hermann Cohen zu reden – Jahwe ehr-fürchten. Doch selbst ein Zaddik betete und dichtete schwerlich Psalmen, solange er in einem finsteren Wasserschlammloch eingesperrt war. Die »Tiefe« (1) liegt offensichtlich jetzt hinter ihm. Geblieben ist die Tiefe des Schuldbewußtseins. Nun ist er im Tempel, entweder um Jahwe für die Errettung zu danken oder um hier aus Priestermund einen Heilsspruch zu empfangen, der – so jedenfalls hofft er (5) – Jahwes Vergebung durch einen Freispruch endgültig rechtskräftig machen wird.

Bekanntlich ergingen Gottes-Sprüche, Gottes-Urteile in der Morgenfrühe (vgl. Psalm 46,6; 90,14; 143,8). Wartet der Beter somit sehnsüchtiger auf Jahwes Entscheidungswort »als der Wächter auf den Morgen« (6)? Oder sind 5–6 »nur« Metaphern, mit denen die nachexilische Gemeinde des zweiten Tempels zum unentwegten Harren auf Jahwes erlösende Hilfe und Vergebung aufgerufen wird (7–8)?

Wie auch immer und abgesehen von der konkreten Situation: »Allein bei Jahwe ist die Huld und viel Erlösung bei ihm!« (7) Huld, hebräisch »chäsäd«, meint die paternalistisch liebevolle Verbundenheit und Solidarität des Lehens-Herrn mit seinen Lehens-Leuten. Sie verstößt den schuldig Gewordenen nicht, hält vielmehr an der Gemeinschaft mit ihm fest, führt ihn auf den Weg der Thora zurück (4). Der Psalm ist ein einziges, dankbares Lob des vergebenden Handelns Gottes. Am nächsten kommt ihm vielleicht die neutestamentliche Aussage, »daß, wenn uns das Herz verurteilt, Gott größer ist als unser Herz und alles erkennt« (1. Johannes 3,20).

Vergebung weckt die (Ehr-)Furcht vor Gott (4), Vergebungserfahrung und Ehrfurcht zusammen erzeugen Hoffnung (5) – nach dem hebräischen Wortsinn ein gespanntes, sehnsüchtiges Ausgestrecktsein zu Gott hin. Seinen verbalen, oft auch gestischen Ausdruck (damals z. B. mit hoch erhobenen Armen) findet es im Beten.

Am 25. 12. 1950 schrieb Arnold Schönberg in seinem modernen Psalm No. 2:

… wir haben die Hoffnung,
daß Gott unser Gebet wahrnimmt.
Wie und warum er dann auf die eine
oder die andere Art über uns entscheidet,
bleibt ein wohl unlösbares Geheimnis.
Aber wir haben eine Hoffnung, bemerkt
zu werden, wenn wir beten. Wir haben immer
zu beten.«

Psalm 131

1 Ein Wallfahrtslied. Von David.
Herr, mein Herz überhebt sich nicht,
meine Augen sind nicht hochmütig,
ich gehe nicht mit Dingen um,
die zu hoch und zu wunderbar sind für mich.
2 Vielmehr habe ich meine Seele
besänftigt und gestillt.
Wie ein gestilltes Kind bei seiner Mutter,
wie ein gestilltes Kind
ist meine Seele still in mir.
3 Israel, harre auf den Herrn
von nun an bis in alle Zeit hin!

Der Zaddik, der Bewährte, hütet sich, falls er in Wahrheit fromm ist, vor dem Hochmut mancher Frommer gegenüber weniger Frommen. Auch läßt er sich nicht auf wichtigtuerische Spekulationen ein über Dinge, »die zu hoch und zu wunderbar sind für mich«. (1) Ist damit vielleicht ein bewußter Verzicht ausgesprochen auf Gedankenspiele, z. B. über himmlische Geheimnisse oder – *nach* dem Exil und in der Begegnung mit dem persischen Jenseitsglauben! – über das menschliche Leben nach dem Tode? Jedenfalls weiß der thoratreue Zaddik sich zur Selbstbescheidung im Denken, Reden und Benehmen verpflichtet. Er könnte wohl mit den Worten des französischen Dichters Saint-Pol-Roux ebenfalls sagen: »Gott ist die Schlichtheit in Person, und so verkennt und mißachtet ihn auch unsere Eitelkeit.«

Existentiell wichtig ist dem wahrhaft Frommen einzig die Geborgenheit bei Gott. Sie allein stillt die unruhigen Sorgen und Wünsche der Seele: »Wie ein gestilltes Kind bei seiner Mutter... ist meine Seele still in mir.« (2) Dabei vergesse man nicht: »Seele« (hebräisch »nephesch«) ist in den Psalmen nicht jene Innerlichkeit, wie sie heute unter diesem Wort oft vorgestellt wird. Vielmehr ist »Seele« hier »das Vitale am Menschen« (Gerhard von Rad), der »élan vital« (Henri Bergson). Die Geborgenheit bei Gott ist eine totale, sie umfaßt den ganzen Menschen und sein ganzes Dasein! Insofern ist sie die höchste Lebenserfüllung.

Verrät, kann man sich fragen, die Formulierung des eindrücklichen Bildes in Vers 2 ein patriarchales Zögern vor der möglichen und durchaus naheliegenden Aussage, daß die Seele sich befriedigt wie ein eben gestilltes Kind bei Jahwe – als seiner Mutter! – berge? Auch wenn es so jetzt nicht dasteht, das Bild von Gott als einer stillenden Mutter mit dem satten Säugling im Arm teilt sich dem Leser dennoch unabweislich und beglückend mit.

Psalm 132

1 Ein Wallfahrtslied.
Sei eingedenk, Herr, der Entbehrungen Davids,
2 da er dem Herrn schwur,
dem Starken Jakobs gelobte:
3 »Ich will mein Wohnzelt nicht betreten,
mein Ruhelager nicht besteigen,
4 will meinen Augen den Schlaf nicht gönnen
noch meinen Lidern den Schlummer,
5 bis ich dem Herrn eine Stätte finde,
eine Wohnung für den Starken Jakobs!« –
6 Siehe, wir hörten von ihr (der Lade) in Ephrata,
fanden sie in Jearims Gefild. –
7 Laßt uns einziehen in seine Wohnung,
uns hinwerfen als Schemel seiner Füße!
8 Herr, mache dich auf zu deiner Ruhstätte,
du und deine machtvolle Lade!
9 Deine Priester sollen sich kleiden in Heil,
deine dir Ergebenen sollen frohlocken!
10 Um Davids, deines Knechtes, willen
weise deinen Gesalbten nicht ab!
11 Der Herr hat David zugeschworen
einen Treuschwur, von dem er nicht abgeht:
»Einen Sproß aus deinem Leibe
lasse ich sitzen auf deinem Thron!
12 Wenn deine Söhne meinen Bund halten
und meine Zeugnisse, die ich sie lehre,
sollen auch ihre Söhne für immer
sitzen auf deinem Thron!«
13 Ja, der Herr hat Zion erwählt,
hat es sich zu seinem Sitz begehrt!
14 »Dies ist mein Ruheort für immer,
hier will ich wohnen, denn ich hab's so begehrt!
15 Seine Nahrung will ich reichlich segnen,

seine Armen sättigen mit Brot,
16 seine Priester will ich kleiden in Heil,
seine Frommen mache ich fröhlich jubeln!
17 Dort will ich David ein Horn sprießen lassen,
rüste ich eine Leuchte für meinen Gesalbten.
18 Seine Feinde will ich in Schande kleiden,
auf ihm aber wird seine Krone erstrahlen!«

I

»Man hat den Eindruck, als sei in Psalm 132 eine Auslese und Zusammenstellung einzelner Kultrufe und dramatischer Vergegenwärtigungen des Grundgeschehens der Davidszeit getroffen worden.« (Hans-Joachim Kraus) Bei diesem Grundgeschehen handelt es sich um die seinerzeitige Überführung der Lade nach Jerusalem (2. Samuel 6) und um die durch Nathan, den Propheten, übermittelte Verheißung Jahwes, Davids Königtum werde auch in seinen Nachfahren Bestand haben (2. Samuel 7). Vermutlich sind diese geschichtlichen Ereignisse in der Zeit der Könige jedes Jahr wieder durch ein »königliches Zionsfest« (Hans-Joachim Kraus) vergegenwärtigt worden. Der Psalm, so scheint es, gibt einige Elemente dieses Festes wieder, mit dem die Erwählung des Zion (1–9.13–16) und die Erwählung Davids samt seiner Dynastie (10–12.17–18) gefeiert worden ist. Dabei ist zweifellos auch getanzt, der seinerzeitige Tanz Davids und Israels rituell nachvollzogen worden gemäß 2. Samuel 6,5: »David aber und das ganze Haus Israel tanzten mit aller Macht vor dem Herrn her, unter Gesängen und mit Lauten, Harfen und Handpauken, mit Schellen und mit Zimbeln.« (vgl. auch 2. Samuel 6,14–22; vgl. zu Psalm 87)

In den Versen 1–5 beginnt der Psalm mit einer im Laufe der Zeit aufgekommenen Legende, wonach David sich asketische Entbehrungen (Aushäusigkeit 3a, Schlafverzicht 3b–4) auferlegt habe, um so den Ernst seines Schwurs unter Beweis zu stellen, in Jerusalem eine dauernde Wohnstätte für Jahwe (5) schaffen zu wollen (vgl. demgegenüber den kurzen, trockenen, wohl aber realitätsnäheren Satz 2. Samuel 7,2!).

Vers 6 könnte einen Zwischenruf oder eine Art Zwischen*spiel* (getanzt vielleicht auch?) andeuten, das an den seinerzeitigen Verlust und die Wiederauffindung der Lade erinnerte (vgl. 1. Samuel 5–7,2), ein Unglück, dessen Wiederholung der von David geplante, von Salomo dann ausgeführte Bau eines festen Hauses für die Lade und damit auch für Jahwe inskünftig verhindern sollte. Freilich ist die Lade nicht Jahwe und Jahwe nicht die Lade. Keine Vergegenständlichung also, kein Fetischismus! Jahwes Verhältnis zur Lade ist das einer frei gewählten Bindung, in 8 mit dem Bindewort »und« ausgedrückt: »...du *und* deine machtvolle Lade!« Von Anfang an war die Vorstellung die, daß Jahwe unsichtbar *über* der Lade throne, treu und dennoch frei, verläßlich, aber souverän. Ebenso aber thront er – weit über die Epoche von Lade und Tempeln hinaus! – »über den Lobgesängen Israels « (Psalm 22,4) und hier über der Festgemeinde, die sich im Heiligtum vor ihm niederwirft »als Schemel seiner Füße« (7): Vorstellungen, die bereits zur Zeit des Tempels über diesen hinausweisen im Wissen, daß Jahwe nicht so sehr heilige Bauten als vielmehr ein »heiliges Volk« (2. Mose 19,6) haben und deshalb in einem Tempel wohnen will, der aus lebendigen Menschen erbaut ist (1. Korinther 3,16). Nebenbei: »Ort, wo man sich niederwirft« ist die wörtliche Bedeutung auch von »Moschee« (arabisch: »masǧid«).

2

Im Rahmen des königlichen Zionsfestes wird in Vers 7 aufgerufen zum festlichen Einzug in den Tempel, die »Ruhestätte« Jahwes und seiner Lade (7–8). Für den Psalm ist David, der die Lade nach Jerusalem brachte und die Idee zum Bau eines festen Hauses für sie lancierte, der eigentliche Initiator von Kult und Tempel (1–5). Salomo, der den Tempelbau dann ausführte, wird nicht erwähnt.

»Ruhestätte« (8) oder »Ruheort« (14) – nein, dieses Wort besagt nicht etwa, Jahwe sei hier – wie einem Rentner – ein Ruhesitz zugedacht worden! Vielmehr drückt es den – wie die Geschichte allerdings zeigte: illusorischen! – Wunsch aus, für Jahwe eine sichere irdische Residenz zu schaffen, obgleich dieser selbst einst ein solches Vorhaben für unnötig erklärt hatte (2. Samuel 7,6/7). Doch glaubte man wohl, sich mittels einer festen »Ruhestätte« der Gegenwart und Hilfe Gottes besser und dauernd versichern zu können (vgl. Jeremia

7,4–14!). Vorab für die Könige in Jerusalem, deren Heilig- und Eigentum der (erste) Tempel ja war, dürfte die Sicherheit der »Wohnung« Jahwes (5) eine Gewähr gewesen sein für den Bestand der eigenen dynastischen Herrschaft. Deshalb auch war das Tempelfest, das sich im Psalm fragmenthaft widerspiegelt, ein *Königs*fest mit Fürbitte für den jeweiligen »Gesalbten«, d. h. König (10), und einer Erinnerung an den Treueschwur, den Jahwe, gemäß der Königsideologie, David und seinem Hause zugeschworen haben soll (11–12; vgl. Psalm 89,4). Die einzige Belegstelle, wenn auch nicht für einen Treue*schwur*, so doch für eine Treue*zusage* Jahwes gegenüber David und seinen Nachfahren, findet sich in der Nathan-Verheißung 2. Samuel 7,11–16, aus der übrigens auch hervorgeht, daß der Wunsch nach einem Tempel keineswegs auf Jahwe zurückging (2. Samuel 7,1–7), sondern ausschließlich eine Idee Davids war. Ähnlich wie das Königtum selbst (vgl. zu den Psalmen 9 und 18) scheint somit auch der Bau eines königlichen Heiligtums keinem Geheiß Jahwes entsprochen zu haben, vielmehr eine Konzession, ein Entgegenkommen von ihm gewesen zu sein. Zuerst Israel, dann die Davididen wünschten ihre politischen und sakralen Institutionen denen der Nachbarvölker anzugleichen. Immer schon lebte Israel in der enormen, oft extremen Spannung zwischen der Erwählungslast, anders als andere zu sein, und dem verständlichen Wunsch, ebenfalls sein zu dürfen wie andere sind, haben zu dürfen, was andere haben. Diese Spannung ist geblieben, sei es auch oft nur als jene kleine Tondifferenz, die Nelly Sachs ihrem Volk, den Juden, zuschrieb:

»Im Chore der anderen
hast du gesungen
einen Ton höher
oder einen Ton tiefer –«

3

Zentral zum königlichen Zionsfest gehörte das Bekenntnis: »Ja, der Herr hat Zion erwählt, / hat es sich zu seinem Sitz begehrt!« (13) Dem Bekenntnis antwortet ein Spruch, in dem Jahwe Zion und Tempel zu seinem »Ruheort für immer« (14) erklärt. Diese Erwählung des Zion soll Jerusalems Einwohnern Segen bringen, soll Hunger und Armut beenden (15), Priester und Fromme fröhlich (16) sowie die davidische Dynastie unbesiegbar machen (17/18). »Horn« in 17 ist ein altes Symbol unüberwindlicher Macht, das in kanaanäischen (und anderen) Kulten ursprünglich als Stierhorn animalisch-maskuline, sogar phallische Kraft, zugleich Unbesiegbarkeit im Kampf versinnbildlicht hat.

Die Verheißung der Unüberwindlichkeit des Zion-Tempels und des davidischen Königtums hat sich für geraume Zeit, nicht aber »für immer« erfüllt. Statt dessen ist sie im Juden- und Christentum zu einer Quelle messianisch-endzeitlicher Deutungen und Erwartungen geworden. Allerdings scheint auch diese Quelle jetzt zu versiegen, die Messias-Erwartung in beiden Religionen allmählich zu verblassen. Symptomatisch dafür das Buch des Christen Hans Küng über »Das Judentum« (1991): in ihm spielt die jüdische Messias-Erwartung und die christliche Erwartung einer Wiederkunft des designierten Messias Jesus kaum noch eine Rolle. Ohnehin hat das Christentum sich sozusagen ent-messianisiert durch den Glauben, in Jesus sei der Messias bereits gekommen. Den Juden freilich vermag ein Messias nicht einzuleuchten, dessen Kommen der Welt kein Segens- und Friedensreich gebracht hat, wie es nach den einschlägigen Bibeltexten doch hätte der Fall sein müssen. Insofern begleitet der jüdische den christlichen Glauben hartnäckig mit der Frage: Ist euer Christentum nicht vielleicht zu einer Denkfigur geworden, die die Welt nur interpretiert, aber nicht grundlegend verändert? Zum Teil ist allerdings auch im Judentum die Erwartung geschwunden, daß »Gott in der Gestalt und Aktion eines Menschen seine Herrschaft im Kosmos aufrichten will und wird«

(so definiert Hans-Joachim Kraus den Messias-Glauben). Soweit eschatologische Erwartung noch lebendig geblieben ist, handelt es sich in beiden Religionen um eine Reich-Gottes-Hoffnung, die nicht mehr unabdingbar an die Person eines Messias gebunden ist. Dabei erinnert das Judentum die Christen – auch durch deren »Altes Testament«! – daran, daß das Reich Gottes nicht spiritualisiert und verjenseitigt werden darf, daß es vielmehr, wie Gott selber, in die materielle, diesseitige Welt kommen wird, kommen will! Jedenfalls bleibt die Frage, ob ein ent-eschatologisierter, ent-messianisierter Glaube (bei Christen, bei Juden) nicht insgeheim diese Welt preisgibt und damit ihre heutige Preisgabe, d. h. Zerstörung, entscheidend mitzuverantworten hat.

Psalm 133

1 Ein Wallfahrtslied. Von David.
Siehe, wie gut und wie lieblich ist's,
wenn Brüder (einvernehmlich) beisammen wohnen!
2 Gleichwie das kostbare Öl auf dem Haupt,
das niederrinnt in den Bart,
3 gleichwie der Tau des Hermon,
der niederrinnt ins dürre Bergland.
Denn dahin (an den Ort des Beisammenwohnens)
entbietet der Herr den Segen,
Leben für alle Zeit.

David, dem »Liebling der Lieder Israels« (2. Samuel 23,2), wird auch dieser Psalm zugeschrieben, obgleich er mehr als ein Halbjahrtausend später im Umfeld der Weisheitsliteratur entstanden ist.

Daß einzig von Brüdern (1), nicht ebenfalls von Schwestern die Rede ist, hängt hier eindeutig mit dem patrilinearen Erbgang im Patriarchat zusammen. Vorausgesetzt ist nämlich eine Situation, wo nach dem Tod eines Vaters das Familiengut und die Weiderechte unaufgeteilt im Miteigentum mehrerer Söhne verblieben, weshalb diese beisammen wohnen und miteinander arbeiten (vgl. 5. Mose 25,5). Daß dabei Spannungen entstehen, Streit ausbrechen konnte, zeigt etwa das alte Beispiel von Abraham und Lot (1. Mose 13). Um so mehr preist und lehrt der Psalm die Vorzüge eines einvernehmlichen Zusammenlebens, Zusammenarbeitens von Brüdern auf dem gemeinsamen Erbgrund (1). Ein solches Einvernehmen durch friedliche Selbstregulierung von allenfalls aufbrechenden Konflikten erglänzt wie schönes kostbares Öl, das man damals, vor allem bei festlichen Anlässen, Gastmählern, ins Kopfhaar goß, so daß es bis in den Bart hinabrann (2). Diese Art der Haar- und Schönheitspflege hatte klimatische (Hitze, Trockenheit, Staub), wohl auch »instrumentelle« Gründe: nirgends in der hebräischen Bibel werden Kämme erwähnt...

Auch auf die Fruchtbarkeit des gemeinsamen Erblandes wirkt sich das brüderliche Einvernehmen aus und gleicht so dem Tau des Hermongebirges, der die Bäche nährt, die dürres Bergland bewässern (3). Jahwes Leben spendender Segen ist solch einem friedlichen Zusammenleben jedenfalls »für alle Zeit« gewiß (3).

Selbstverständlich darf die Aussage des Psalms auf *jedes* friedliche Zusammenleben ausgeweitet werden. Ohnehin war das Volk im israelitischen Verständnis eine ausgeweitete Großfamilie und jeder Volksgenosse ein Bruder, der miteingeschlossen ist in den Jahwe-Bund und zum gleichen Heiligtum gehört. Dementsprechend sagte auch Jesus: »Ihr alle aber seid Brüder.« (Matthäus 23,8) Gedankenlos ist, wer heute nicht sogleich ergänzt: »... und Schwestern.«

Psalm 134

1 Ein Wallfahrtslied.
Auf denn, segnet den Herrn,
all ihr Knechte des Herrn,
die ihr steht im Hause des Herrn
in den Nächten!
2 Hebt eure Hände empor zum Heiligtum
und segnet den Herrn! –
3 Vom Zion her segne dich der Herr,
der Himmel und Erde gemacht hat!

Offensichtlich fanden im Tempel zu Jerusalem – im Schein des Altarfeuers, von Öllichtern, Fackeln? – nachts hie und da ebenfalls Gottesdienste statt (1; vgl. Jesaja 30,9). In den Versen 1–2 könnte der Psalm den Aufruf (von Priestern?) zu solch einer nächtlichen Feier, in 3 ein priesterliches Segenswort zu deren Abschluß wiedergeben. Immer wieder scheinen Menschen ja im Tempel auch übernachtet zu haben (vgl. zu Psalm 22), als »Asylanten« oder in Erwartung des frühmorgendlichen Gottesspruchs.

Heute mag vielleicht etwas befremden, daß dazu aufgefordert wird, Jahwe zu »segnen« (1.3). Das hebräische Wort für segnen bedeutet u. a. aber auch: jemanden in seiner Machtstellung und Hoheit anerkennen. In bezug auf Gott meint das »die feierliche, lobpreisende und ehrende Anbetung (lateinisch: benedicere)«, schreibt Hans-Joachim Kraus und schlägt als ebenfalls mögliche Übersetzung »benedeien« vor. Eine Haggada-Stelle, die das Wesen solch segnender Anbetung schön illustrieren kann, zitiert Gershom Scholem. Danach setzen die Betenden und Anbetenden Gott »eine Krone aufs Haupt, denn das Gebet stellt einen Akt der Krönung Gottes, seine Anerkennung als König dar«. Solcher »Krönung Gottes« könnte, sollte wohl jede Liturgie dienen, doch auch das Beten jedes einzelnen. Wer glaubt, Gott bedürfe solcher Anerkennung nicht, hat aus ihm wahrscheinlich ein lebloses Prinzip gemacht.

Im Emporheben der Hände (somit auch: der Arme!) fand die segnende Anbetung ihren gestischen Ausdruck (2). Die Segnung galt Jahwe, der im Heiligtum (2) auf dem Zion (3) gegenwärtig war. Vom Zion her erging denn auch der Segen dessen, der »Himmel und Erde gemacht hat« (3). Hier nun bedeutet Segen: Lebensschutz, Lebenssteigerung und insofern Gedeihen, Gelingen überhaupt. Dabei wird dieser Segen weniger in einzelnen Geschehnissen oder gar »Erfolgen« sichtbar, sondern vielmehr in einem stetigen Prozeß dauernden Gedeihens. Jedenfalls manifestiert sich in Jahwes Segen stets auch sein Wille, den Seinen diesseitige Lebenserfüllung zu schenken.

Psalm 135

1 Hallelujah.
Preiset den Namen des Herrn!
Preiset, ihr Knechte des Herrn!
2 Die ihr im Hause des Herrn steht,
in den Vorhöfen des Hauses unseres Gottes!
3 Preiset den Herrn, denn der Herr ist gütig,
spielt seinem Namen, denn er ist lieblich!
4 Denn der Herr hat sich Jakob erwählt,
Israel zu seinem Eigentum.
5 Ja, ich habe erkannt, daß der Herr groß ist,
unser Herr ist größer als alle Götter!
6 Alles, wozu er Lust hat,
vollbringt der Herr im Himmel und auf Erden,
im Meer und in allen Tiefen!
7 Der Wolken heraufführt vom Ende der Erde,
Blitze zu Regen macht,
Sturm aus seinen Kammern ausfahren läßt.
8 Der Ägyptens Erstgeburt schlug,
vom Menschen bis zum Getier,
9 der Zeichen und Wunder sandte
wider Pharao und all seine Knechte.
10 Der viele Völker schlug
und mächtige Könige tötete:
11 Sihon, den König der Amoriter,
und Og, den König von Basan,
und alle Könige Kanaans.
12 Und gab ihr Land zu eigen,
zu eigen seinem Volk Israel.
13 Herr, dein Name währt ewig,
dein Gedenken, Herr, durch alle Geschlechter.
14 Ja, der Herr schafft Recht seinem Volke,
hat Erbarmen mit all seinen Knechten.
15 Die Götzen der Heiden sind Silber und Gold,

ein Machwerk menschlicher Hände,
16 haben einen Mund und können nicht reden,
haben Augen und können nicht sehen,
17 haben Ohren und können nicht hören,
auch ist kein Atem in ihrem Mund.
18 Ihnen sollen gleich werden, die sie machten,
ein jeder, der ihnen vertraut.
19 Haus Israel, segnet den Herrn!
Haus Aarons, segnet den Herrn!
20 Haus Levis, segnet den Herrn!
Die ihr den Herrn fürchtet, segnet den Herrn!
21 Vom Zion her sei gesegnet der Herr,
der in Jerusalem wohnt!
Hallelujah!

Immer wieder mündet die Tempelpoesie in den Aufruf zur Preisung des göttlichen Namens (1.3), der unsichtbar im Jerusalemer Heiligtum wohnte (21), dort die Stelle einnehmend des sichtbaren Gottesbildes in anderen Kulten jener Zeit. Im »Namen« machte sich Jahwe für sein Eigentumsvolk (4) anrufbar, bei voller Wahrung seiner Freiheit und Größe (5), seiner ewigen Identität (13).

Preisung gebührt dem Namen, »denn Jahwe ist gütig« (3). Die Übersetzung »gütig« kann wohl nicht ganz befriedigen. Deutschsprachige Juden brachten ihre Vorbehalte gegen die Vokabeln »Güte«, »gütig« so zum Ausdruck: »Güte... ist die Deformation des Guten.« (Theodor W. Adorno) »Das Gute ist hart und herrlich. Die Güte hat immer etwas von Resignation.« (Ludwig Strauss) Doch mit Verformung des Guten oder mit Resignation hat Jahwes Güte so wenig zu tun wie etwa mit einem lässigen Fünfe-grad-sein-Lassen. »Gütig« ist Jahwe, weil er sich Israel (4) und in Israel der Menschheit zuwendet, weil er »in und mit Israel zur Welt der Völker« kommt (Hans-Joachim Kraus). Sein Kommen ist ein befreiendes und forderndes, erwählendes und scheidendes (8–18), ist nicht bloß gütig, sondern *gut* für die Kleinen, die Bedrängten. Nach dem Exil ist Israel insgesamt klein geworden (der Psalm stammt aus später nachexilischer Zeit), doch Jahwe blieb, der er war, der machtvolle Erschaffer von Himmel und Erde, der Erreger und Beweger von Wolken, Regen, Sturm (wichtig für Palästina! 6/7) und – vor allem – »größer als alle Götter« (5). Daß das kleiner gewordene, machtlose Israel nicht aufhört, seinen »größeren« Gott zu preisen, könnte verwundern oder psychologisch als Kompensation gedeutet werden. Allein, die Preisung Jahwes als des höchsten, größten Gottes hatte seit jeher zur Kulttradition Jerusalems gehört, unabhängig von der jeweiligen Macht- oder Ohnmachtsstellung von Stadt und Volk. Überdies bedeutete – gerade vom »Namen« her! – »größer« als alle Götter stets auch: »anders« als alle Götter. Und das heißt: Jahwes Macht ist *anders* als jede religiöse und politische Macht sonst. Ein Talmudwort (Megilla 31) bringt das später so zum Ausdruck: »R. Jochanan sagte: überall, wo du die Größe Gottes findest, dort findest du auch Seine Demut.«

2

Der Psalm, wahrscheinlich eine von Priestern verfaßte, zum Teil aus älteren Texten kompilierte Festliturgie, preist Jahwe als den Erschaffer der Welt (6/7), der einst das kleine Israel »zu seinem Eigentum« (4) erwählte, diese Erwählung durch Geschichtstaten bestätigte (8–12) und an ihr nach wie vor festhält, in Treue und Erbarmen (13/14). Beschworen wird die Erinnerung an die Befreiung aus Ägypten (8/9), was auf einen Passah-Festpsalm schließen lassen könnte. Auffällig, daß der Bundesschluß am Sinai so wenig erwähnt wird wie der Durchzug durchs Schilfmeer. Genannt wird hingegen Israels Sieg über den Amoriterkönig Sihon (vgl. 4. Mose 21,21–24), über Og, den König von Basan (vgl. 4. Mose 21,33–35) »und alle Könige Kanaans«. Der Akzent der Geschichtsvergegenwärtigung wird hier auf die Landnahme resp. die Landgabe durch Jahwe gelegt (12). Dabei werden deren kriegerische Episoden – die beim Einsickern der Stämme ins Land Kanaan keineswegs dominant gewesen sein dürften – herausgestrichen und triumphalistisch verallgemeinert zu einem Sieg »über alle Könige Kanaans« (11), wohl in der Annahme, nur solch eine kriegerische Eroberung könne den historischen Rechtsanspruch auf das Land (14) begründet haben. Diese Annahme, bezeichnend für patriarchales Denken, verführte schließlich zur übertreibenden Glorifizierung vergangener Siege – auch, aber beileibe nicht nur in Israel! Die Geschichte selbst hat diese Vorstellung korrigiert, Israel hat erfahren und lernen müssen, daß seine Erwählungsgeschichte nicht einfach Siegesgeschichte, sondern ebenso Leidensgeschichte ist. Ein Gefangener in den deutschen Vernichtungslagern fragte, laut Elie Wiesel, ebenso verzweifelt wie sehnsüchtig: »Warum besteht Gott darauf, daß wir auf dem schwersten Weg zu ihm kommen?« Dementsprechend ist Gottes Macht nie Allmacht im gängigen Sinn. Allmacht ließe keinen Raum frei für Geschichte und für Geschichten. »Geschichten sind, topographisch vorgestellt, immer Umwege«, schreibt Hans Blumenberg, während Allmacht, »absolute Macht sich im Diagramm der kürzesten Verbindung zweier Punkte auslegt.« Allmacht ist eine Wahn-, ja Wahnsinnsvorstellung, Vernichtungslager und Holocaust waren deren finstere Konsequenz. Es ist kein Zufall, daß Karl Barth kurz danach, nämlich 1946 in Bonn, entschieden sagte: »Sie erinnern sich wohl, wie Hitler, wenn er von Gott zu sprechen pflegte, ihn den ›Allmächtigen‹ nannte. Aber nicht der ›Allmächtige‹ ist Gott, nicht von einem höchsten Inbegriff von Macht aus ist zu verstehen, wer Gott ist. Und wer den ›Allmächtigen‹ Gott nennt, der redet in der furchtbarsten Weise an Gott vorbei. Denn der ›Allmächtige‹ ist böse, wie ›Macht an sich‹ böse ist. Der ›Allmächtige‹, das ist das Chaos, das Übel, das ist der Teufel.« Gott, sagten wir zu Vers 5, ist größer als alle Götter, weil er *anders* ist als sie. So ist auch seine Macht und Machtwaltung *anders* als jede numinose oder politische Machtausübung. Und dieses *»anders«* verbirgt sich im *Namen* Gottes und bleibt gegenwärtig in ihm, der ewig währt (13), während andere Mächte und Herrschaftsformen (inklusive derer in Israel) kommen und wieder vergehen. »Der Name allein ist gestern, heute und morgen.« (Franz Rosenzweig) Florens Christian Rang, einen Freund Rosenzweigs und Walter Benjamins, veranlaßte das zum Ausruf: »Furchtbare Lage der Welt: am Faden eines Namens über dem Abgrund zu hängen!« Furchtbar, ja! »Und doch: sie scheint fest zu hängen, so fest, daß das Entscheidende möglich ist: die Wandlung unter und in einem Namen, das Abstoßen vom Ufer, anderen Ufern entgegen.« Denn daß im unablässigen Wandel aller Dinge »der eine Zustand mit dem anderen überhaupt zusammenhängt, einen Zusammenhang hat, dies leistet der Name. Um aber von einem Ufer, einem Zustand, zum anderen Ufer, zum anderen Zustand zu gelangen, darf der Name nicht mit dem

Ding identisch sein, denn sonst würde er sich mit dem Ding selbst verwandeln. Nur weil der Name ›nur‹ ein Name ist, nichts mehr, kann er die Wandlungen in den Zeiten überstehen, über-›brücken‹, kann er sogar zuletzt das Meer der Weltgeschichte durchqueren.« (Manfred Voigts) In seinem Namen entzieht sich Jahwe jener Dinghaftigkeit, die der Psalm den Götzen vorwirft (13–18, vgl. Psalm 115,4–8). Als Schöpfer Himmels und der Erde entzieht er sich der Verdinglichung aber auch im Tempel zu Jerusalem: er *ist* nicht die Lade, er thront nicht *auf* ihr, sondern namenhaft *über* ihr! Das Heiligtum faßt ihn nicht, doch gefällt es ihm, klein zu werden und im menschengemachten »Haus« je und je anrufbar, gegenwärtig zu sein, ihm einzuwohnen (vgl. zu Psalm 24). Jahwes Namenhaftigkeit bedeutet aber keineswegs etwa Entsinnlichung, im Gegenteil, sie garantiert die Freiheit seines Sehens, Hörens, Redens und die belebende Macht seines Atems (vgl. 16/17). Darum segnet ihn Israel, segnen ihn die Priester (Haus Aarons), die Tempeldiener (Haus Levis) und alle »Zaddikim«, die Jahwe ehr-fürchten (19–21).

Psalm 136

1 Danket dem Herrn, denn er ist gut,
denn ewig währt seine Verbundenheit!
2 Danket dem Gott der Götter,
denn ewig währt seine Verbundenheit!
3 Danket dem Herrn der Herren,
denn ewig währt seine Verbundenheit!
4 Der allein große Wunder getan hat,
denn ewig währt seine Verbundenheit!
5 Der den Himmel schuf in Weisheit,
denn ewig währt seine Verbundenheit!
6 Der die Erde über den Wassern festigte,
denn ewig währt seine Verbundenheit!
7 Der die großen Lichter machte,
denn ewig währt seine Verbundenheit!
8 Die Sonne zur Herrschaft am Tage,
denn ewig währt seine Verbundenheit!
9 Mond und Sterne zur Herrschaft bei Nacht,
denn ewig währt seine Verbundenheit!
10 Der die Ägypter schlug in ihrer Erstgeburt,
denn ewig währt seine Verbundenheit!
11 Und Israel herausführte aus ihrer Mitte,
denn ewig währt seine Verbundenheit!
12 Mit starker Hand und gerecktem Arm,
denn ewig währt seine Verbundenheit!
13 Der das Schilfmeer in Stücke zerschnitt,
denn ewig währt seine Verbundenheit!
14 Und Israel mitten hindurch ziehen ließ,
denn ewig währt seine Verbundenheit!
15 Und den Pharao samt seinem Heer ins Schilfmeer trieb,
denn ewig währt seine Verbundenheit!
16 Der sein Volk durch die Wüste führte,
denn ewig währt seine Verbundenheit!
17 Der große Könige schlug,

denn ewig währt seine Verbundenheit!
18 Und herrische Könige tötete,
denn ewig währt seine Verbundenheit!
19 Sihon, den König der Amoriter,
denn ewig währt seine Verbundenheit!
20 Und Og, den König von Basan,
denn ewig währt seine Verbundenheit!
21 Und ihr Land zu eigen gab,
denn ewig währt seine Verbundenheit!
22 Zu eigen Israel, seinem Knecht,
denn ewig währt seine Verbundenheit!
23 Der in unsrer Erniedrigung unser gedachte,
denn ewig währt seine Verbundenheit!
24 Und uns entriß unsern Bedrängern,
denn ewig währt seine Verbundenheit!
25 Der Nahrung gibt allem Fleisch,
denn ewig währt seine Verbundenheit!
26 Danket dem Gott des Himmels,
denn ewig währt seine Verbundenheit!

I

Eine Litanei, Festlitanei wahrscheinlich, d. h. ein Wechselgebet oder Wechselgesang zwischen Vorbeter resp. Vorsänger (Priester? Chor?) und Gemeinde. Der responsorische Refrain lautet: »...denn ewig währt seine Verbundenheit!« Durch unablässige Wiederholung wird dieser Satz dem Gedächtnis der Gemeinde eingeprägt. Ob die Repetition zuweilen eine Art Trance oder »Instase« (Annemarie Schimmel) erzeugt hat, wissen wir nicht. Eine gewisse magisch-insistierende Wirkung können gehäufte, rasch aufeinanderfolgende Wiederholungen sehr wohl ausüben.

Der Psalm beginnt (1–3) und endet (26) mit dem Aufruf »Danket...!« Der Dank gilt Jahwe, »dem Gott der Götter« (2), »dem Herrn der Herren« (3). Der Dank hat seinen Grund in Jahwes Schöpfungstaten (4–9) und in seinem geschichtlichen Erwählungshandeln an Israel (10–24).

Bemerkenswert ist, daß die aufgezählten Fakten der Schöpfungs- und der Heilsgeschichte kulminieren in Vers 25: »Der Nahrung gibt allem Fleisch!« Nahrung, das tägliche Brot, als Krönung der Heilsgeschichte? In den vorangehenden Versen 23 und 24 wird an Erniedrigung und Bedrängnis Israels erinnert. Das führt zum Eindruck, »als sei die – in der Schöpfung der Welt angelegte (5–9) – Versorgung aller Lebewesen mit Nahrung so ziemlich das einzige, womit Israel am Ziel seiner besonderen göttlichen Führung durch die Geschichte angelangt ist.

Der Psalm entstammt offenbar einer Zeit, in der Israel anspruchslos geworden ist: Kein Zion-Jerusalem, kein Tempel, kein König, allein das nackte Überleben, Rettung aus Feindeshand (V. 23f.) und das tägliche Brot zusammen mit der übrigen Kreatur, zählt und reicht auch aus, um die in der Schöpfung der Welt wie in der Geschichte Israels bewährte ›Güte‹ Gottes konkret und unmittelbar in der eigenen Gegenwart zu erleben.« (Reinhard Gregor Kratz) Hinzu kommt, daß Not und Hunger für die Propheten Zeichen des göttlichen Gerichts waren, »die Aufhebung des Gerichts bedeutet dementsprechend Stillung des Hungers, das Brot wird zum Zeichen und bald auch zum Bild umfassenden Heils« (Reinhard Gregor Kratz).

2

Luther und, ihm folgend, viele Bibelübersetzungen verdeutschten das hebräische »chäsäd« mit »Güte«. Daß dieses Wort auch fragwürdig sein kann, wurde bereits im Zusammenhang mit Psalm 135 angemerkt. Entschieden vertrat, aus Gründen der Genauigkeit, Ludwig Köhler den Standpunkt, der hebräische Begriff drücke nicht so sehr einen Wesenszug Gottes als vielmehr eine Beziehung aus, weswegen »chäsäd« mit »Verbundenheit«, »Solidarität« wiedergegeben werden müsse (so denn auch in L. Köhler / W. Baumgartner: »Lexicon in Veteris Testamenti Libros.« Leiden 1953). Zugegeben freilich, der Einsilber »Huld« (so übersetzen Martin Buber und Hans-Joachim Kraus) ist klanglich weitaus schöner, fügt sich dem Sprachrhythmus meistens auch besser ein, darum gebrauchte ich ihn für meine Übersetzungsversionen ebenfalls oft und gerne. Auch war »Huld«, wie »chäsäd«, einst ja ein Begriff der Beziehung und Gegenseitigkeit, der ebenso das Treueverhältnis des Lehensherrn zu seinen Dienstleuten wie die verläßliche Ergebenheit und Treue der Dienstleute ihrem Herrn gegenüber bezeichnete: »Der ›Holde‹ hieß mittelhochdeutsch der Lehensmann, und in unserem ›huldigen‹ lebt diese Seite des Begriffs fort... In den Psalmen sind Gottes *chassidim* seine Holden, seine treue Gefolgschaft.« (Martin Buber) Nur: wer denn versteht »hold« und »Huld« heute noch in dieser alten, d. h. feudalistischen Bedeutung? Wenn diese Wortgruppe überhaupt noch verwendet wird, dann allenfalls poetisierend, sonst aber nur noch in einem ironischen Sinn. Für den 26maligen »chäsäd«-Refrain dieses Psalms ziehe ich deshalb die unmißverständlichere Übersetzung »Verbundenheit« vor. Gewiß, »Verbundenheit« ist leider keine sehr schöne oder gar poetische Vokabel! Dafür ist sie verständlich und entspricht durch die Wortverwandtschaft mit »Bund« (Jahwes mit Israel) dem hebräischen »chäsäd« tatsächlich optimal.

Daß Gottes Verbundenheit mit Israel sich gemäß Vers 25 erfüllt im Elementarsten und Notwendigsten, nämlich in der Nahrungsgabe »für alles Fleisch«, wird in einer Welt, deren bestimmende Wirtschaftsweise stets mehr Armut und Hunger erzeugt, zur kritischen Herausforderung. »Zart wäre einzig das Gröbste: daß keiner mehr hungern soll.« (Theodor W. Adorno)

3

Daß Gott »gut« ist (1) – nicht bloß freundlich oder gütig (wie oft ebenfalls übersetzt wird, übersetzt werden kann), sondern eben *gut* – dies ist, so Franz Rosenzweig, »der Stammsatz der Erlösung, das Dach über dem Hause der Sprache, der an sich wahre Satz, der Satz, der wahr bleibt, einerlei, wie er gemeint ist und aus welchem Munde er kommt.« Darum begründet dieser Satz Gemeinsamkeit und hier den Aufruf zum *gemeinsamen* Danken, Singen, Beten (1–3,26). Das Gut-Sein Gottes findet seinen materiellen Ausdruck darin, daß er *aller* Kreatur Nahrung verschafft (25). Er tut dies als Gott des physischen Himmels (26), aus dem es regnet. »Himmel« bezeichnet nicht den Wohnsitz, sondern den Wirkungs- und Machtbereich Gottes. Er ist »gemacht« (vgl. Psalm 33,6; 96,5; 102,26), ist Gottes Erschaffung (vgl. 5), jedenfalls kein Eigenwesen. Erst recht sind Himmel und Himmelskörper in der hebräischen Bibel keine Gottheiten mehr wie in anderen vorderorientalischen Religionen. Doch auch spätere Vorstellungen dürfen hier nicht vorausgesetzt werden. »Jedenfalls spielt der Himmel als Wohnung Gottes nicht die theologische Rolle, die ihm in späteren Zeiten fromme Einbildungskraft verlieh.« (Ludwig Köhler) Er ist (noch) kein meta-physischer Ort, vielmehr eine durchaus physische »Feste« (lateinisch: firmamentum), die die gewaltigen Chaos-Wasser fernhält (1. Mose 1,7) und so Raum schafft für das diesseitige Leben in all seinen Formen. Kein Jenseits also! Vielmehr sichert dieser »Himmel« das diesseitige Dasein. Wird, wie in Noahs Tagen, die Sicherung zeitweilig aufgehoben, bricht sogleich die »große Urflut« vernichtend über die Erde herein (1. Mose 7,11/12). Diese Himmelsvorstellung verrät »eine deutliche Empfindung dafür, daß der Bestand der Welt dauernd bedroht ist« (Ludwig Köhler). Heute ist, bei geänderter Weltvorstellung und angesichts neuer, durch die Menschen selbst ausgelöster Totalbedrohungen, diese Empfindung wieder erwacht. Offen bleibt, ob dieses Erwachen noch rechtzeitig genug zu tätiger Umkehr führt. Jedenfalls ist nichts selbstverständlich. Wer die Welt, wer Da-Sein für selbstverständlich hält, ist gegenüber Gottes Schöpfungswundern und gegenüber ihrer fundamentalen Bedrohung bereits gefährlich abgestumpft. Abraham J. Heschel, der jüdische Denker, warnte: »Man könnte den modernen Menschen als ein Wesen bezeichnen, das Katastrophen gegenüber abgestumpft ist.«

Psalm 137

1 An den Strömen Babels
saßen wir und weinten,
wenn wir des Zion gedachten.
2 An die Pappeln dort
hängten wir unsere Leiern.
3 Denn dort hießen uns singen,
die uns gefangen hielten,
hießen uns jubilieren,
die uns peinigten:
»Singt uns eins
von den Zionsliedern!«
4 Wie (aber) könnten wir singen
ein Lied des Herrn
auf dem Boden der Fremde?
5 Vergesse ich deiner, Jerusalem,
so soll meine Rechte verdorren!
6 Am Gaumen soll mir die Zunge kleben,
wenn ich deiner nicht mehr gedenke,
wenn ich Jerusalem nicht
über meine höchste Freude erhebe!
7 Herr, erinnere die Söhne Edoms
an den Tag von Jerusalem,
als sie sagten: »Reißt nieder, reißt nieder
bis auf ihren Grund!«
8 Tochter Babel, Verwüsterin,
wohl dem, der dir tut,
wie du uns getan!
9 Wohl dem, der deine Kinder
packt und am Felsen zerschmettert!

I

Das Volksklagelied, vermutlich aus einer Klagefeier der nach Babylon Exilierten (1) hervorgegangen, beginnt voll einer poetisch-wehmütigen Schönheit, die durch die Zeiten hindurch stets wieder ergriffen hat und bis in nordamerikanische Gospels und karibische Folksongs (»On the Rivers of Babylon«) lebendig geblieben ist (1–6). In den Versen 7–8 schlägt der Sehnsuchtston jedoch jäh um in Verfluchungen, die in 9 mit dem wohl abscheulichsten Vers des ganzen Psalters enden.

Gewiß: die antike Kriegsführung war grausam, auch in Israel (vgl. 5. Mose 20,16!), das Aufschlitzen von Schwangeren, das Zerschmettern von Kindern offenbar üblich (vgl. 2. Könige 8,12; Jesaja 13,16; Hosea 10,14; 13,16; Nahum 3,10; aber auch Lukas 19,44). Davon, daß in früheren Kriegen die Zivilbevölkerung geschont worden sei, kann nicht die Rede sein. Heutige Waffensysteme und Kriege sind da nur noch effizienter, in ihrem Ausrottungseffekt noch totaler geworden. In diesem Punkt war Israel somit nicht anders als die andern Völker, war vielmehr deren gelehriger Schüler (vgl. Richter 3,1/2!) Daß solch kriegerische Brutalität hier jedoch mit »Wohl dem...!« als ausgesprochen gottgefällig, ja als segenswürdig hingestellt wird, bestürzt denn doch. Man erschrickt, in was für abgründige Glaubensverwirrungen Leiden und Verzweiflung hineinzuführen vermögen. Mit dem Bekenntnis, daß Gott gut ist (Psalm 136,1) hat Vers 9 jedenfalls nichts mehr zu tun, eher schon mit Daniel Casper von Lohensteins Satz »Im Menschen ist der Haß der größte Trieb« (1680) oder mit Nietzsches Behauptung, Grausamkeit gehöre zur ältesten Festfreude der Menschheit. Vers 9 enthüllt menschliche Abgründe, in denen Gottes Antlitz zur Fratze Molochs (vgl. 3. Mose 18,21; 20,2; Jeremia 32,35) wird. Dawider setzt man am besten Arnim Juhres Antwort auf Psalm 137. Titel: »Gegen den Rachegeist«:

»Wohl dem,
der die Kinder seiner Feinde
nicht zerschmettert,
der ihnen die Arme nicht zerbricht,
der die Kugel nicht treffen läßt
das Herz, den Kopf, die Eingeweide.
Reißt nieder
bis auf den Grund,
reißt nieder
den Rachegeist.
Die ihr gefangen haltet,
wollen euch nicht singen,
die ihr anstachelt,
fröhlich zu sein,
haben die Harfen weggehängt.
Guter Rat bleibt ungesagt.
Wohl dem,
der die Hand nicht wegstößt,
die mit Gesten spricht:
Liebe deinen Nächsten, er ist wie du.
(Nach Psalm 137)«

2

Kriege sind »eine Schule sämtlicher Laster« (Huldrych Zwingli), sie entfesseln Gewalt und Grausamkeit, sie lehren »Leichen machen« (Jean Paul). Israel, heißt es in Richter 2,23–3,2, habe sich auf den Krieg vorerst nicht verstanden, ihn von den Völkern Kanaans erlernen müssen. Ja, einzig deswegen habe Jahwe diese Völker nicht vertrieben, um durch sie Israel »den Krieg zu lehren« (Richter 3,2) Eine bemerkenswerte Stelle! Erstens kann man ihr entnehmen, daß Israel auch in Kanaan noch – und also in Widerspruch zu der im Buch Josua berichteten, wohl aber erst nachträglich zum Kriegszug heroisierten Landnahme – des Krieges unkundig war. Zweitens besagt diese Stelle aber auch, daß ein Stamm oder ein Volk sich damals kriegerisch mußte behaupten können, wenn er überleben wollte. Hat es Kriege somit nicht immer gegeben? Der Ethnologe M. R. Davie kam jedenfalls zum Schluß: »War is the business of one sex.« Carola Meier-Seethaler stellt fest: »Der Krieg ist die Angelegenheit der Männer, nicht der Menschen.« Dieselbe Autorin kam zur Erkenntnis, »daß Kriegsmentalität und Frauenunterdrückung ein und dieselbe Wurzel haben«, daß es »eine positive Korrelation zwischen dem demütigenden Status der Frau und den Kriegsaktivitäten der Männer« gibt. Kriege hat es nicht immer, wohl aber hat es sie immer in der patriarchalen Epoche gegeben. Dafür spricht auch der archäologische Befund, daß die matrizentrischen resp. matriarchalen Kulturen der vorgeschichtlichen Zeit weitgehend nicht-kriegerisch gewesen sind. Carola Meier-Seethalers Untersuchungen kommen zum Ergebnis: »Es sind nicht angeborene Triebe, weder sexuelle noch aggressiv-destruktive Triebe, die den Krieg in die Welt brachten, sondern es ist eine *neurotische Fehlentwicklung der menschlich-männlichen Kultur*, welche das angeborene Triebpotential in den Dienst der Zerstörung stellt.« Diese Fehlentwicklung spiegelt sich zwangsläufig auch in der Bibel wider, die in ihrer historischen Gestalt, Knechtsgestalt, ebenfalls ein Dokument der patriarchalen Epoche ist. Daran kann sich höchstens stoßen, wer mit dem Koran glaubt, Gott habe die Thora und die Bibel überhaupt fixfertig vom Himmel herabgesandt (Sure 5,44 48). Laut Koran hat auch David die Psalmen von Gott direkt erhalten (Sure 17,55 57). Wer das nicht glaubt, wird den patriarchalen Zeitspuren und Gewaltrechtfertigungen in der Bibel ebenso widersprechen wie den dazugehörigen Instrumentalisierungen und Vergötzungen Gottes. Dies um so mehr, da die gleiche Bibel auch ganz andere Perspektiven freilegt, die über die patriarchale Fehlentwicklung hinausweisen, z. B. in jene Gewaltfreiheit, wie sie Jesus und die ersten Christen, aber auch das synagogale Judentum inmitten von Kriegen und patriarchaler Gewaltherrschaft praktiziert haben.

3

Zu den Versen 1–6 nur soviel: Die nach Babylon Deportierten konnten sich in ihrem alltäglichen Leben frei bewegen, auch frei versammeln. Doch Babylon blieb »Boden der Fremde« (4) für sie, war unreines Land (vgl. Ezechiel 4,13), »in dem für sie kultisches Handeln nicht möglich war. Der Kult war an die alte Heimat gebunden, und zwar nach der deuteronomischen Einheitsforderung speziell an die heilige Stätte von Jerusalem; und so gingen ihre sehnsüchtigen Gedanken nach Jerusalem, das sie nicht vergessen konnten.« (Martin Noth) Die »Ströme Babels« (1) sind vermutlich Kanäle, die das Schwemmland des unteren Euphrat und Tigris durchzogen und fruchtbar machten. Nach Ezechiel (1,1.3 und öfters) wohnten Deportierte vor allem am Fluß Kebar. Dort und an anderen Wasserläufen trafen sich die Juden wahrscheinlich zu Klageversammlungen (»weinten«, »gedachten« 1) und kultischen Waschungen. Das Weghängen der Leiern an die Uferpappeln (2) war eine Demonstration stummer Trauer und Verweigerung. Steckte Gutmütigkeit oder Hochmut hinter der Aufforderung der Babylonier an die Deportierten, ihnen eines der »Zionslieder« (3; waren vielleicht die Zionspsalmen 76, 84, 87, 122 gemeint?) vorzusingen? Doch für die Juden war es unmöglich, auf fremder Erde, in der erzwungenen Entfremdung der Deportation, frohgemut ein Jahwelied anzustimmen (4). Der Psalmist verstärkt und steigert, in der Ich-Form jetzt, die Verweigerung durch eine Selbstverfluchung für den Fall, daß er Jerusalem je einmal vergessen sollte (5–6). Im 20. Jahrhundert hat Edmond Jabès die Jerusalem-Bindung der Juden ausgeweitet zum Satz: »Du kommst von Jerusalem, der zahllosen Stadt, aus der du tausendmal verjagt worden bist.«

Der Selbstverfluchung folgt in Vers 7 die Bitte, Jahwe möge den Edomitern unliebsam in Erinnerung rufen, daß sie bei der Zerstörung Jerusalems mit den Zerstörern gemeinsame Sache gemacht hatten (vgl. Ezechiel 25,12–14; 35,1–15; Obadja 8–15).

In den Versen 8–9 dann also die ominöse Verfluchung der »Verwüsterin« Babel! Nach ihrer Kritik doch auch noch ein Wort des Verständnisses: Fluch und Verfluchung waren und sind oft die einzigen »Waffen«, die Ohnmächtigen und Entrechteten verbleiben, eine Art »Ersatzjustiz der Armen« (Stephan Wyss). Außerdem sind sie, unter hohem Leidensdruck, ein psychisches Ventil, dessen Öffnung überleben hilft. Ihm entströmen abscheuliche Rachevisionen, neurotische Gewaltphantasien. Sie verraten, daß der Mensch »auf dem wüsten Thron seiner eigenen Wildnis sitzt« (Wallace Stevens). Die Psalmen, die biblischen Texte insgesamt, zeichnen die Menschen stets realistisch, nehmen sie wahr im Lichte Gottes, das auch in die Nachtseiten der Seelen fällt.

Psalm 138

1 Von David.
Ich danke dir, Herr, von ganzem Herzen,
angesichts der Götter spiele ich dir!
2 Ich werfe mich nieder vor deinem heiligen Tempel
und danke deinem Namen
für deine Treue und Verbundenheit!
Denn über alle Himmel hast du erhöht
deinen Namen und dein Wort!
3 Am Tage, da ich rief, hast du geantwortet,
hast gemehrt die Kraft meines Lebens.
4 Dich preisen, Herr, alle Könige der Erde,
denn sie hörten die Worte deines Mundes.
5 Sie singen von den Wegen des Herrn,
denn groß ist die Herrlichkeit des Herrn.
6 Ja, der Herr ist erhaben und sieht doch den Niedrigen,
und den Hochfahrenden durchschaut er von ferne.
7 Muß ich auch mitten in Drangsal gehen,
du belebst mich trotz des Zorns meiner Feinde,
du reckst deine Hand aus,
deine Rechte befreit mich,
8 der Herr vollbringt es für mich!
Herr, deine Huld währt immerdar!
Laß nicht fahren das Werk deiner Hände!

Ein Mann wirft sich nieder und dankt dem »Namen«, durch den Jahwe im Tempel gegenwärtig war (2). Er dankt, weil Jahwe auf sein Rufen – vermutlich in schwerer Krankheit – dadurch geantwortet hat, daß er seine Lebenskraft wieder mehrte (3). Obgleich er noch immer von Bedrängern drangsaliert wird (vgl. Psalm 3,7/8; 23,5), wird Jahwe – so seine Gewißheit und Bitte – ihm auch diese vom Halse schaffen (7), wird sein Geschöpf nicht fallen, nicht fahren lassen (8).

Auffällig die Aussage: »Angesichts der Götter spiele ich dir!« (1) Nach seiner Wiederherstellung versteht der Psalmist sich offenbar erst recht als ein Zeuge der unvergleichlichen Heils- und Heilungsmacht Jahwes, vor der die andern Götter zurücktreten müssen (Psalm 86,8), da sie menschlichem Leid und sozialem Elend gegenüber blind und indifferent bleiben (vgl. Psalm 82!).

Wenn schon den Göttern, dann ist Jahwe auch deren Repräsentanten, nämlich »allen Königen der Erde« (4) gegenüber der schlechthin Überlegene (4–6), weil er die Hochfahrenden durchschaut, die Niedrigen aber nie aus den Augen verliert (6). So müss(t)en denn, nach Ansicht des Beters, selbst diese Machthaber Jahwe zu preisen beginnen.

Vers 6 a ist zweifellos das Herzstück des Psalms: »Ja, der Herr ist erhaben und sieht doch den Niedrigen.« Dazu Claus Westermann: »Israel ist Gott immer nur als dem begegnet, von dem man dieses beides sagen muß, den man gar nicht anders preisen kann, als indem man beide Aussagen macht: ›der in der Höhe thront – der in die Tiefe sieht‹ (Psalm 113). In dieser Zweipoligkeit... des Gotteslobes ist schon das Geschichtswirken Gottes angelegt.« Diese bipolare Vorstellung bestimmt ebenfalls Vers 6 a. Gottes Höhe und Erhabenheit ist nicht Entrücktheit, im Gegenteil, sie gibt den Blick erst recht frei auf die Niedrigen, die aus der Halbhöhe der Götter und der Herrschenden nur zu leicht übersehen werden können. Jahwe dagegen »greift in die Tiefe und zieht den Elenden empor (Psalm 113,7–9; 118,22–23)« (Claus Westermann). Dadurch ist er allen anderen Göttern (vgl. Psalm 82) und Königen überlegen. Indem er den »Schrei der Armen« (Psalm 9,13) und Elenden, den Schrei aus der Tiefe (Psalm 130,1) hört und beantwortet, gibt er seine Höhe und Erhabenheit als Nähe und Verbundenheit zu erkennen, zu erfahren. Dieses Geheimnis der Höhe / Nähe Jahwes erfuhr Israel je und je wieder in seiner Geschichte. Dieses Geheimnis verehrte es im »Namen« und im Tempel, wo der Name »wohnte«. Dieses Geheimnis leuchtete, wie hier, immer wieder in der Heilserfahrung einzelner auf.

Psalm 139

1 Dem Chorleiter. Von David. Ein Psalm.
Herr, du hast mich erforscht und du kennst mich.
2 Ob ich sitze oder stehe, du weißt es,
du verstehst mein Begehren von ferne.
3 Ob ich gehe oder ruhe, du durchschaust es,
mit all meinen Wegen bist du vertraut.
4 Ja, es ist kein Wort auf meiner Zunge,
das du, Herr, nicht genau kenntest.
5 Von hinten und von vorne umschließest du mich,
legst auf mich deine Hand.
6 Zu wunderbar ist solche Erkenntnis für mich,
zu hoch, ich kann sie nicht fassen.
7 Wohin soll ich gehen vor deinem Geist,
wohin fliehen vor deinem Antlitz?
8 Stiege ich bis in den Himmel empor, so bist du dort,
lagerte ich mich in der Unterwelt, so bist du auch hier!
9 Erhöbe ich die Schwingen der Morgenröte
und ließe mich nieder am äußersten Meer,
10 so würde selbst dort deine Hand mich ergreifen
und deine Rechte mich fassen.
11 Spräche ich: »Nichts als Finsternis soll mich bedecken,
und Nacht sei das Licht um mich her!«,
12 so wäre auch die Finsternis nicht finster für dich,
und die Nacht leuchtete wie der Tag.
13 Ja, du bist's, der meine Nieren geschaffen,
mich gewoben hat im Leibe der Mutter!
14 Ich danke dir, daß ich so wunderbar geschaffen bin!
Wunderbar sind deine Werke!
Meine Seele erkennt dies sehr wohl.
15 Mein Gebein war dir nicht verborgen,
als ich im Verborgenen geschaffen wurde,
bunt gewirkt in den Tiefen der Erde.
16 Schon als Embryo sahen mich deine Augen!

In dein Buch war jeder Tag (schon) geschrieben,
alle meine Tage waren (bereits) gebildet,
als noch keiner von ihnen da war.
17 Doch wie schwer sind deine Gedanken faßbar für mich,
o Gott!
Wie gewaltig ist ihre Summe!
18 Wollte ich sie zählen, es wären ihrer mehr als der Sand!
Ich wache auf – und bin immer noch bei dir!
19 O daß du, Gott, den Frevler umbrächtest!
O ihr Blutmänner, weichet von mir!
20 Die von dir reden voll Trug,
sich wahnhaft wider dich erheben –
21 sollte ich nicht hassen, Herr, die dich hassen,
nicht verachten, die dich verachten?
22 Ich hasse sie mit vollkommenem Haß,
sie sind mir zu Feinden geworden.
23 Erforsche mich, Gott, und erkenne mein Herz,
prüfe mich und erkenne mein (innerstes) Begehren!
24 Und sieh, ob ich auf götzendienerischem Wege bin,
und leite mich dem immer geraden Wege!

1

Die Konfliktsituation, die dem Psalm ursprünglich zugrunde lag, wird erst am Schluß angedeutet: »Frevler«, »Blutmänner« (19) bedrängten den Beter, bedrohten ihn sogar tödlich. Weshalb? Ist er der Abgötterei, des Götzendienstes angeklagt worden (vgl. 24)? Seine heftigen Beteuerungen, Jahwes Feinde gleich wie persönliche Feinde zu hassen (20–22), lassen dies als möglich erscheinen. In seiner Bedrängnis wendet er sich an Jahwe, stellt er sich mit den Worten von 23 und 24 einem Gottesurteil im Tempel (vgl. Psalm 7,9/10; 11,4/5; 17; 26; 44,21/22; Jeremia 12,3).

Aus Vers 1 ist zu schließen, daß die Prüfung durch Jahwe erfolgt ist und das Gottesurteil ein Freispruch war. Somit sind 19–24 retrospektivisch. Daß diese Verse erst am Schluß stehen, obgleich doch 1 sie voraussetzt, verrät eine poetisch raffinierte Konstruktion, die sich nicht brav am chronologischen Ablauf orientiert. Wer immer der Beter ursprünglich gewesen sein mag, die jetzige Endgestalt des Psalms beweist hohen Kunstverstand. Da sie sich auch durch eine theologisch außergewöhnliche Denk- und Bildkraft auszeichnet, könnten priesterliche Theopoeten am Werk gewesen sein.

2

Die Verse 1–18 bilden das Haupt- und Herzstück des Psalms.

Jahwe, dem sich der verfolgte Beter im Tempel zur Prüfung stellte (1), durchschaut den Menschen bis ins Innerste. Er erkennt – und versteht! (2) – seine verborgensten Triebkräfte und Absichten, ist er doch sein Schöpfer (13–16). Er, der Höchste und deshalb Nächste (vgl. zu Psalm 138), umschließt uns »von hinten und von vorne« (2–5), deshalb kennt er uns besser, als wir uns selber kennen können – ein Faktum, »zu wunderbar«, »zu hoch« für das menschliche Erkenntnisvermögen (6). Unmöglich deshalb, vor Jahwe irgendwohin zu fliehen (7–10)! Unmöglich auch, sich ihm entziehen zu wollen in äußere oder innere Finsternis (10–12; vgl. Hiob 12,22; 34; 22).

Für das, was von Jahwe hier bezeugt wird, sind spätere Begriffe wie »Allgegenwart« und »Allwissen« viel zu handlungslos, zu statisch. Jahwes Erkennen ist stets auch ein Tun, seine Gegenwart eine handelnde und dialogische: sie *geschieht*! *Geschieht* als aktive Zuwendung, als Kommen und (Heraus-) Forderung, als Errettung immer wieder: auch am äußersten Meer würde »deine Hand mich *ergreifen*« (10).

3

In Jahwe erkennt, anerkennt der Beter ebenso dankbar wie staunend den Erschaffer seines Lebens (14–16). »Der Weg zum Glauben«, schrieb Abraham J. Heschel, »führt durch Staunen und radikale Verwunderung.«

»Ja, du bist's, der... mich gewoben hat im Leibe meiner Mutter!« (13) Dazu Jürgen Ebach: »Gott erscheint hier wie ein Weber, genauer, weil es sich um typisch weibliche Arbeiten handelt, wie eine Weberin.« Ist's Zufall, daß die Erschaffung des Embryos just im Bild des spezifisch weiblichen Webens dargestellt wird? Ist Jahwe vielleicht doch nicht bis zur letzten Konsequenz patriarchalisiert, d. h. auf eine nur männliche Rolle festgelegt gewesen? Wirkten matriarchale Gottes- und Weltvorstellungen der Vorzeit unterschwellig noch nach (vgl. auch Psalm 2,7: Jahwe hat den König »geboren«)? Sie scheinen auch durch Vers 15 hindurchzuschimmern. Während in 1. Mose 2,7 Jahwe selbst den ersten Menschen aus Ackererde bildet, wird hier, offenbar im Gefolge einer älteren Anschauung, der Mensch »bunt *gewirkt* in den Tiefen der Erde« – von wem? Das bleibt ungesagt, läßt deshalb das »Wirken«, d. h. Weben einer Erdgöttin oder der Großen Göttin in ihrem lebensschaffenden Aspekt als mythische Urform der Metapher vermuten. Im Psalm geschieht dieses schöpferische Weben »im Verborgenen« nunmehr unter Jahwes Regie und Verantwortung. Auch in 1. Mose 1,24 oder in Psalm 90,2 wird der Erde kreative Potenz zugeschrieben, »ohne daß sie damit in die Rolle einer eigenständigen Göttin käme« (Jürgen Ebach). Jedenfalls wird der EINE Schöpfer nicht als selbstischer Wahrer eigener Macht vorgestellt, im Gegenteil: er »delegiert« Macht, sein *Uni*versum wird deshalb als *Multi*versum lebendig, als komplexe Ordnung autonomer, sich selbst erneuernder und regulierender Systeme. »Er ist Einer, aber ohne Einheit«, formulierte der epochale jüdische Denker Maimonides (1135–1204).

Ebenso wie Sichtbares und Verborgenes umfaßt Jahwes Blick die Vergangenheit und Zukunft des einzelnen (16). Daraus sogleich eine Vorher*bestimmung* ableiten zu wollen hieße, einem mechanisch-linearen Denkmodell folgen, anstatt mit dem Psalmisten zu staunen über die nicht zählbare Summe und Varietät der göttlichen Gedanken (17/18), die nach hebräischer Auffassung auch schon Taten, Handlungen sind. Die von Jahwe ins »Buch« geschriebenen, vor der Geburt schon gebildeten Tage eines Menschen (16) bezeichnen nicht mehr, doch auch nicht weniger als den zeitlichen Rahmen, in dem eine individuelle Existenz sich entfalten darf.

Gerade wer sich vor mechanisch simplifizierenden Vorstellungen göttlichen Waltens hütet, wird mit 17/18 ausrufen: »Doch wie schwer sind deine Gedanken faßbar für mich, o Gott! Wie gewaltig ist ihre Summe! Wollte ich sie zählen, es wären ihrer mehr als der Sand!« Eindrücklicher könnte das Staunen vor der überwältigenden Pluralität der Schöpfungsgedanken und -taten Gottes kaum artikuliert werden.

Doch wie ist Vers 18 b zu verstehen? »Ich wache auf – und bin immer noch bei dir!« Hat der Beter vielleicht im Tempel übernachtet und geschlafen? Oder hat er sich in den Schöpfungsgedanken Gottes gleichsam verloren, war »abwesend« und kehrt mental nunmehr zurück in seine eigene kleine Wirklichkeit? So oder anders, der Sinn der Zeile bleibt offen und ist dennoch klar: »Gott geht nimmer in der Ferne, er bleibt ständig in der Nähe, und kann er nicht drinnen bleiben, so entfernt er sich doch nicht weiter als bis vor die Tür.« (Meister Eckhart)

Psalm 140

1 Dem Chorleiter. Ein Psalm Davids.
2 Errette mich, Herr, vor den bösen Menschen,
vor den gewalttätigen Männern bewahre mich,
3 die im Herzen auf Böses sinnen,
tagtäglich zum Streit provozieren!
4 Der Schlange gleich wetzen sie ihre Zunge,
Otterngift ist hinter ihren Lippen. Sela.
5 Bewahre mich, Herr, vor den Händen der Frevler,
behüte mich vor dem Mann der Gewalttätigkeit,
vor denen, die darauf aus sind, mich zu Fall zu bringen!
6 Hochmütige legen mir heimlich Schlingen und Stricke,
breiten ein Fangnetz aus entlang des Weges
und stellen mir Fallen. Sela.
7 Ich spreche zum Herrn: Du bist mein Gott,
vernimm, Herr, mein lautes Flehen!
8 Herr, mein Herr, Macht meiner Befreiung,
du beschirmst mein Haupt am Tage des Kampfes!
9 Gib nicht Raum, Herr, dem Begehren des Frevlers,
laß seinen Anschlag (gegen mich) nicht gelingen!
10 Nicht sollen meine Verächter rings um mich her
ihr Haupt erheben (können)!
Was sie Böses reden, treffe sie selbst!
11 Feurige Kohlen sollen auf sie niederfallen!
Er stoße sie in Gruben, daß sie nicht wieder aufstehn!
12 Der Verleumder soll nicht bestehen können im Land,
Unheil soll den Gewalttätigen bis zum Absturz jagen!
13 Ja, nun weiß ich, daß der Herr
die Sache der Elenden führt
und Recht schafft den Armen!
14 Ja, die Bewährten werden deinem Namen danken,
die Rechtschaffenen vor deinem Antlitz wohnen!

Der Beter, umstellt, bedroht von Gewalttätern, Verleumdern und offenbar einflußreichen Intriganten (2–4,6), fleht Jahwe um Errettung an (2,5–8). Er, ein thoratreuer Bewährter, ein Zaddik (vgl. 14), gehört zu den Elenden und Armen im Land (vgl. 13). Immer wieder werden deren klagende, anklagende Stimmen in den Psalmen laut, wie in keinem Gesangbuch sonst. Immer wieder verblüfft die heftige Unverblümtheit der Anprangerungen (vgl. 4), der Verfluchungen und Bitten (vgl. 11 / 12). Keine Schonung also für die, die »böse‹ (3) und »hochmütig« (6) Leid über andere bringen! Keine Schonung, weil es keine Vertröstung auf ein Jenseits gibt. Jetzt, im Diesseits, muß den Gebeugten Recht geschaffen werden. Jetzt, in *diesem* Leben, muß Gott »die Sache der Elenden führen« (13), nicht erst später und anderswo! Jetzt, in dieser Zeit, muß die Unterjochung entfernt werden »aus deiner Mitte« (Jesaja 58,6.9). Mit unglaublicher Kühnheit wird Gott stets wieder herausgefordert, *hier und jetzt* zu erretten, d. h. den Armen und Elenden Recht zu schaffen. So sind die Psalmen – wie auch die Propheten – voll theologischer und sozialer Brisanz, sind Texte wider Resignation und Apathie.

Der Psalmist sucht sein Recht im Tempel, denn »auf dem Zion führt Jahwe den Prozeß der Elenden und Armen« (Hans-Joachim Kraus). Wahrscheinlich hat der Angegriffene ein Gottesurteil gegen seine Angreifer (9 / 10) begehrt. Ob mit diesem Ritual sakraler Rechtsfindung eine Art Feuerprobe sowie ein balancierendes Überqueren tiefer Gruben (vgl. 11 / 12) verbunden war, wie auch schon vermutet wurde, bleibt ungewiß. Immerhin aber scheinen die Verse 13 und 14 vorauszusetzen, daß das Gottesurteil ergangen ist und die hochmütigen Bedränger, Bedrücker zurechtgewiesen und gedemütigt hat.

Und wo führt Gott heute die Sache der Armen und Elenden? Wo, wenn nicht im neuen Tempel (vgl. 1. Korinther 3,16), der nicht aus Steinen, sondern aus Menschen gebaut ist, die, ob in der Synagoge oder in der Kirche, solidarisch werden mit den Entrechteten, Leidenden, in denen sich Gottes Namen und Antlitz (vgl. 14) uns zuwenden.

Psalm 141

1 Ein Psalm Davids.
Herr, dich rufe ich an, eile zu mir!
Vernimm meine Stimme, wenn ich zu dir rufe!
2 Als Rauchopfer gelte mein Gebet vor deinem Antlitz,
das Erheben meiner Hände als Speisopfer am Abend!
3 Stelle, Herr, eine Wache vor meinen Mund,
einen Bewahrer an die Tür meiner Lippen!
4 Laß mein Herz sich nicht hinneigen zum bösen Wort,
daß ich nicht frevle Taten begehe
in Gesellschaft von Männern, die Arges tun,
daß ich nicht von ihren Leckerbissen koste!
5 Mag der Bewährte mich schlagen,
der Fromme mich züchtigen,
nie aber erglänze mein Haupt vom Öl des Frevlers!
Fürwahr, immerfort währt mein Gebet
trotz ihrer Bosheiten.
6 Fielen sie in die harten Hände ihrer Richter,
dann würden sie hören, wie sanft meine Worte sind.
7 Wie wenn ein Fels sich spaltet
und die Erde aufreißt,
werden ihre Gebeine hingestreut
für den Rachen der Unterwelt.
8 Doch zu dir, Herr, (mein) Gott, gehen meine Augen,
dir vertraue ich – schütte nicht aus meine Seele!
9 Behüte mich vor der Schlinge, die mir gelegt wird,
vor den Fallen der Übeltäter!
10 Die Frevler sollen in die eigenen Gruben fallen,
dieweil ich (sicher) vorübergehe.

Der Psalmist versteht seine Gebete als Opfer (2; vgl. Psalm 119,108), von denen er glaubt, daß Jahwe ihre Darbringung erwartet. Höchstwahrscheinlich widerspiegelt seine Aussage Erfahrungen aus der tempellosen Zeit des Exils. Damals war kein Opferkult möglich. Die Stelle des Opfers nahm – wie später, nach der Zerstörung des zweiten Tempels erst recht – das Gebet ein. Allerdings war damit der Opfergedanke nicht einfach aufgegeben worden: »Gebet ist nicht Ersatz für Opfer. Gebet *ist* Opfer. Was sich geändert hat, ist nur der Gegenstand des Opfers: Das Selbst trat an die Stelle der Sache« (Abraham J. Heschel) oder des Opfertiers.

Der Psalmbeter bittet Jahwe um eine »Wache vor meinem Mund« und an der »Tür meiner Lippen« (3). Ließ sein Temperament sich vielleicht allzu rasch zum »bösen Wort« (4) hinreißen? Doch seit jeher weiß der Zaddik, daß er seine Zunge hüten muß (vgl. Psalm 34,14; 39,2). Die nachexilische Weisheitsliteratur schärfte dies erst recht ein: »Wer seinen Mund bewacht, bewahrt sein Leben; wer aber seine Lippen aufreißt, bringt sich ins Verderben.« (Sprüche 13,3; vgl. 21,23; aber auch Matthäus 15,11; Jakobus 3,5–10)

Wo aber grassiert solch heillose Großmäuligkeit, wo verfällt man ihr am ehesten? »In Gesellschaft von Männern, die Arges tun«, zugleich aber mit »Leckerbissen« verführen (5). Hier wird der »Bewährte« nicht mehr bedrängt und verfolgt, er wird verführt, geködert, korrumpiert! Doch der Beter erkennt die Gefahr. Lieber will er von Bewährten und Frommen gezüchtigt werden, als sich festlich gesalbt an Gastmählern und Parties »einseifen« zu lassen (5). Dennoch: selbst wenn die Verführer eines Tages vor dem Richter landeten, die Worte des »Zaddik« würden »sanft« bleiben (6), auch wenn die Frevler menschliche und göttliche Bestrafung verdient haben (7; allerdings ist der Text hier verderbt und durcheinandergeraten!).

Die Schlußverse (9/10) zeigen den Beter als einen Zaddik, dem alles daran liegt, den rechten »Weg« zu gehen. Ihm ist wichtiger, *wie* er lebt, als *daß* er lebt – das ist der Sinn seines Gebets, seines Selbstopfers (2).

Psalm 142

1 Eine Eingebung Davids, als er in der Höhle war.
Ein Gebet.
2 Laut schreie ich zum Herrn,
laut flehe ich zum Herrn.
3 Vor ihm schütte ich meine Klage aus,
meine Drangsal tue ich kund vor ihm.
4 Wenn mein Geist in mir verschmachtet –
du weißt um mein Ergehen!
Auf dem Weg, den ich gehe,
haben sie mir Fallschlingen gelegt.
5 Blicke ich nach rechts und siehe!
– da ist keiner, der mich achtet.
Entzogen ist mir jede Zuflucht,
niemand fragt nach meinem Leben.
6 So schreie ich, Herr, zu dir!
Ich spreche: Du bist meine Zuflucht!
Bist mein Teil im Lande der Lebendigen!
7 Vernimm doch mein Flehen,
denn ich bin sehr schwach geworden!
Errette mich vor meinen Verfolgern,
denn sie sind mir zu übermächtig!
8 Hole mich aus dem Kerker heraus,
auf daß ich deinem Namen danken kann!
Es werden die Bewährten sich um mich scharen,
weil du mir Gutes tust.

Das Gebet eines Eingekerkerten (8)! Die Tatsache, daß im Gesangbuch des Tempels und Israels die Stimme auch eines Inhaftierten laut wird, ist bemerkenswert, dringen Gefangenengebete oder -gedichte heute doch kaum noch bis in (genau gesagt: europäische) Kirchengesangbücher vor.

Welchen Vergehens der Gefangene beschuldigt worden ist, erfahren wir nicht. Es ist bloß allgemein von »Fallschlingen« (4), von übermächtigen »Verfolgern« (7) die Rede. Jedenfalls aber weiß der Beter sich unschuldig. Hat man ihm vielleicht Gotteslästerung (vgl. 3. Mose 24,12) oder Sabbatentheiligung (vgl. 4. Mose 15,35) vorgeworfen? In beiden Fällen wäre Kerkergewahrsam bis zum Gottesurteil einst möglich gewesen, in beiden Fällen drohte ursprünglich eine Todesstrafe durch Steinigung. Vermutlich also harrt und bangt der Beter in seinem Verließ einem Gottesurteil entgegen. Niemand mehr kümmert sich um ihn (5; buchstäblich eine Isolationshaft!). Offenbar wird er auch nicht mehr richtig versorgt und verpflegt, so daß er »sehr schwach« geworden ist (7) und der Geist in ihm »verschmachtet« (4). In solch unerbittlicher Isolation kann er einzig noch zu Jahwe schreien (2/3.6), der sieht und weiß, wie es mit ihm steht (4). Jahwe allein, nur er noch, wird ihn vor der Übermacht seiner Verfolger erretten (7), wird ihn durch seinen Freispruch befreien können (8).

Ein bewegendes Flehgebet! Nachträglich wurde es dem Dichter-König David zugeschrieben mit der gleichen Situationsangabe wie in Psalm 57,1: »... als er in der Höhle war.« (1; vgl. 1. Samuel 22,1? Oder 1. Samuel 24,4?)

Die Haftbedingungen in Israel scheinen äußerst hart gewesen zu sein (vgl. Psalm 69,2–4; 107,10–14; 130,1), selbst dann, wenn noch kein Urteil ergangen war. Deshalb wird man kaum von »Untersuchungshaft« sprechen können. Die Beschuldigung wog, zumal wenn »Übermächtige« (7) sie erhoben hatten, so schwer, daß die Inhaftierung bereits eine Vorverurteilung und Vorstrafe bedeutete. Das erklärt wohl die Intensität des Flehens zu Jahwe, der die Härte menschlicher Anklagen und Verurteilungen allein noch brechen konnte. Immerhin ja drohte schlimmstenfalls die Todesstrafe, durch die Volk und Land von Frevel und Verunreinigung »gesäubert« werden sollten (vgl. z. B. 3. Mose 18,29). Doch nicht bloß in Israel, in der Antike überhaupt waren Todesstrafen üblich. Sie sind bis in die Gegenwart üblich geblieben, selbst in »christlichen« Völkern – obschon hier die an Jesus vollzogene Todesstrafe deren weitere Anwendung hätte verunmöglichen müssen.

Psalm 143

1 Ein Psalm Davids.
Herr, höre mein Gebet,
vernimm mein Flehen,
in deiner Treue antworte mir,
in deiner Gerechtigkeit!
2 Gehe nicht ins Gericht mit deinem Knecht!
Vor dir ist ja kein Lebendiger gerecht.
3 Denn der Feind verfolgt mich,
tritt mein Leben zu Boden,
hat mich in Finsternis geworfen.
4 Es verschmachtet mein Geist in mir,
das Herz erstarrt mir in meinem Innern.
5 Ich gedenke der Tage von einst,
ich sinne nach über all dein Wirken,
erwäge das Werk deiner Hände.
6 Ich breite meine Hände aus zu dir,
meine Seele zu dir wie lechzendes Land! Sela.
7 Eilends antworte mir, Herr!
Mein Geist zehrt sich auf.
Verbirg nicht dein Antlitz vor mir,
damit ich nicht denen gleich werde,
die in die Grube sinken!
8 Gib mir am Morgen deine Huld zu hören,
denn ich vertraue dir!
Tu mir kund den Weg, den ich gehen soll!
Denn zu dir erhebe ich meine Seele.
9 Vor meinen Feinden errette mich, Herr!
Bei dir ist meine Zuflucht.
10 Lehre mich deinen Willen tun,
denn du bist mein Gott!
Dein guter Geist führe mich
auf ebener Bahn!
11 Um deines Namens willen, Herr, belebe mich (wieder)!

In deiner Treue führe mich aus der Drangsal heraus!
12 Auf Grund deiner Verbundenheit: vernichte meine Feinde,
laß vergehen alle, die mein Leben bedrängen!
Denn ich bin ja dein Knecht!

I

Erneut fleht ein Verfolgter, möglicherweise auch Eingekerkerter (»in Finsternis geworfen« 3; »es verschmachtet mein Geist in mir« 4; vgl. Psalm 142,4) Jahwe um Errettung an (9), um Befreiung (11), um Vernichtung der Feinde (12). Einstiger Heilstaten des Gottes Israels gedenkend (5), hebt der Beter in seiner Drangsal Hände und Arme empor, öffnet so seine lechzende Seele auch gestisch zu Jahwe hin (6; vgl. Psalm 42,3; 63,2). Wahrscheinlich wartet er einer Gottesantwort entgegen, die sein Schicksal entscheiden wird. Die Antwort, wir wissen es, erging jeweils »am Morgen« (8; vgl. Psalm 5,4; vgl. zu Psalm 57). Befindet der Beter sich somit nicht mehr im Kerker, sondern im Tempel? Im Tempel bedeutet freilich nicht: in Freiheit! Vielmehr eben: in Erwartung des Urteils, das dem Beschuldigten schlimmstenfalls nicht nur die Freiheit, sondern das Leben absprechen konnte. Darum die inständige Bitte um Freisprechung, um Jahwes rettende Zuwendung (»Antlitz« 7), die neues Leben ermöglicht (11) unter Gottes Weisung und Führung (8.10).

Es fällt auf, daß *dieser* Beter sich nicht auf seine Unschuld beruft. Hat er sich vielleicht tatsächlich eines Fehlverhaltens schuldig gemacht? Oder – und dies ist wahrscheinlicher – wußte er sich zwar schuldlos vor dem Gesetz und den Menschen, war zutiefst aber von der Ahnung oder Einsicht durchdrungen, daß *vor Gott* »kein Lebendiger gerecht« sein kann (2; vgl. Psalm 14,3; 51,7; 130,3; Hiob 9,2)? Freilich: eine derart radikale Schulderkenntnis mußte die Tempel-Praxis priesterlich vermittelter Gottesurteile grundsätzlich in Frage stellen. Existentielle Schuldhaftigkeit kann nicht mehr so oder so entschieden, sie kann von Gott nur entweder angerechnet oder nicht angerechnet, d.h. vergeben werden. Vergebung bedeutet dann, »daß Gott uns die Grundsünde unserer Existenz, die *eine* Sünde vergibt…, die darin besteht, daß wir uns von Gott getrennt, von ihm gleichsam abgespalten haben, um etwas für uns selbst aus eigener Kraft zu sein« (so Rudolf Bultmann als Prediger). Weder Schuldlosigkeit vor dem Gesetz noch gute Taten können *diese* Grundsünde aufheben. Vielleicht ist es nicht Zufall, daß ein zutiefst Geängsteter und Bedrohter diesen Satz formuliert hat – nicht als einen *dogmatischen* Satz, sondern als *Gebets*erkenntnis: »Vor dir ist ja kein Lebendiger gerecht.« (2 b)

2

»Feinde« (3.9): im Psalter ein häufiges Wort, eines der häufigsten sogar (weit über 60 mal)! Indem Menschen sich hier betend zu Gott hin öffnen, geben sie zugleich Einblick in ihre sozialen Lebensverhältnisse. Meistens ist's ein Einblick »von unten her«, aus dem Blickwinkel derer, die unter dem rechtsbeugenden und gewalttätigen Verhalten Bessergestellter zu leiden haben. In Israels halbnomadischer Frühzeit, doch auch nach der Landnahme noch scheint soziale Ausgeglichenheit und Solidarität geherrscht zu haben. Das änderte sich, wie Samuel vorhergesagt hatte (1. Samuel 8,11–18), mit der Einführung der Monarchie. Der Auf- und Ausbau eines Beamtenapparates sowie der von Salomo eingeleitete Außenhandel bewirkten das Entstehen einer Oberschicht von Reichen und Einflußreichen. Die sozialen Unterschiede verschärften sich, zumal große Teile des Volkes infolge der häufigen Kriege, erst recht seit der Reichstrennung 926 vor Christus, einen sozialen Niedergang erlebten. Der gesellschaftliche Antagonismus zwischen Oben und Unten war zur gesellschaftlichen Konstante geworden, die von der Zeit des Exils nur vorübergehend relativiert werden konnte.

Denen »unten« blieb zunächst die Hoffnung, der jeweilige König werde sich einsetzen »für die Sache der Wahrheit, der Armut, des Rechts« (Psalm 45,5). Und tatsächlich: der Tempel, Eigentum des Königs, bot Verfolgten, Verarmten, in ihrem Recht Gebeugten je und je Zuflucht und Rechtshilfe. Die Hilfe geschah jedoch nie im Namen des Königs, sie geschah im Namen *Jahwes*! U. a. deswegen konnte der Tempel das Königtum überdauern.

Jedenfalls sind die »Feinde« des einzelnen in den Psalmen meist Einflußreiche und Mächtige, die – trotz 2. Mose 22,21–27; 23,6; 5. Mose 24,14/15 – Kleinere und Schwächere verfolgen, verklagen, um Hab und Gut und Leben zu bringen versuchen. Als Gebete gegen diese skrupellos Mächtigen bleiben die »Feind«-Psalmen aktuell, solange und wo immer Mächtige die Machtlosen noch machtloser, Reiche die Armen noch ärmer machen. Trotzig artikulieren die Psalmen stets wieder von neuem die Gewißheit: Gottes Verbundenheit (»Huld«, 12) gilt nie und nimmer den Skrupellosen und Profiteuren, sie gilt allein deren Opfern.

Psalm 144

1 Von David.
Gesegnet der Herr, mein Fels,
der meine Hände den Kampf lehrte,
meine Finger den Krieg!
2 Mein Hort und meine Burg,
mein Bollwerk und mein Retter,
mein Schild, dem ich vertraue –
du, der mir Völker unterwarf!
3 Herr, was ist der Mensch, daß du Kenntnis nimmst von ihm,
der Menschensohn, daß du ihn beachtest?
4 Der Mensch gleicht dem Hauch,
seine Tage gleichen vorüberziehenden Schatten. –
5 Herr, neige deine Himmel und steige hernieder!
Rühre die Berge an, daß sie rauchen!
6 Schleudere Blitze und streue sie (rundum),
schieße deine Pfeile ab und trage sie weit!
7 Strecke deine Hand aus von der Höhe herab,
entreiße mich den gewaltigen Wassern,
der Hand der Barbaren,
8 deren Mund Lüge redet,
deren Rechte eine meineidige Rechte ist! –
9 Gott, ein neues Lied singe ich dir,
auf zehnsaitiger Leier spiele ich dir auf!
10 Der den Königen Heil schenkt,
der David, seinen Knecht, errettet:
11 entreiße mich dem bösen Schwert,
errette mich aus der Hand der Barbaren,
deren Mund Lüge redet,
deren Rechte eine meineidige Rechte ist! –
12 Schenke Heil unseren Söhnen, den Pflänzlingen,
aufwachsend in ihren Beeten!
Unsere Töchter seien den Ecksäulen gleich,

geschnitzt für den Bau eines Palastes!
13 Unsere Scheuern seien gefüllt,
um Speisen jeder Art zu spenden!
Tausendfältig seien unsere Schafe,
zehntausendfältig auf unseren Fluren!
14 Trächtig seien unsere Rinder,
ohne Unfall und ohne Fehlgeburt!
Kein Wehgeschrei (erschalle) auf unseren Gassen!
15 Glücklich das Volk, dem es so ergeht!
Glücklich das Volk, dessen Gott der Herr ist!

I

Ein Psalm aus vorexilischer Zeit, als in Jerusalem noch eigene Könige regierten, im Tempel noch Königsfeste zelebriert werden konnten. Zu deren Liturgie dürfte auch dieses königliche Bittgebet gehört haben. Es ist dem sehr alten Psalm 18 nachgestaltet.

Zunächst preist der König Jahwe als seinen Lehrmeister in Kampftechnik und Kriegsführung (1/2). Dabei gedenkt er nicht etwa nur der »heiligen« Defensiv-Kriege (vgl. zu Psalm 18), sondern auch der Eroberungskriege (»du, der mir Völker unterwarf«), wie David sie einst geführt und eingeführt hatte. Die nachträgliche Zuschreibung des Psalms an David (1) geht hier vermutlich auf die Pflege davidischer Glorie und Tradition am Königshof zurück (vgl. 10). In dieser Traditionspflege scheint die anfängliche Unterscheidung zwischen heiligem Defensiv- und profanem Offensivkrieg zu Eroberungszwecken dahingefallen zu sein. Jedenfalls nahm man(n = König) den »Gott der Schlachtreihen Israels« (1. Samuel 17,45) nun auch für Unterwerfungskriege in Anspruch – bis zu dem Tag, da Jahwe *fremde* (nach 11 »barbarische«) Schlachtreihen siegreich *gegen* Israel führte (vgl. Jeremia 15,1–3; 43,11; Ezechiel 6,11–12; 14,12–23). Damit wurde, beginnend mit der Eroberung Jerusalems durch babylonische Truppen, Israel für sehr lange Zeit das Schicksal von Unterworfenen auferlegt. Der Traum vom davidischen Großreich war definitiv ausgeträumt – eine exemplarische »Geschichtslektion«! Manche Juden begriffen sie denn auch. Zu ihnen zählte Jesus. Um so verhängnisvoller deshalb, daß die christianisierten Völker bald schon wieder nach den alten Verhaltensmustern zu denken, zu handeln begannen. Dabei hatte doch gerade die Jesusbewegung ein deutliches Zeichen gesetzt! Sie akzeptierte nämlich »die faktische Ohnmacht des Judentums gegenüber den Römern und überwand so das römische Reich: Vom Unterlegenen und Wehrlosen ging ein kerygmatischer Appell aus, dem sich nach und nach die einstigen Sieger beugen mußten.« (Gerd Theissen)

Ist in der Jesusbewegung vielleicht ältere Erinnerung und Weisheit wieder wach und virulent geworden? Heute ist sich die Anthropologie nicht mehr so sicher, daß es Kriege »immer schon gegeben hat«, daß sie zur menschlichen Natur gehören und folglich unvermeidbar sind. Die archäologische Forschung stieß jedenfalls auf ältere Kulturen, »die sehr viel unkriegerischer waren als die bekannten Kulturen aus historischer Zeit« (Carola Meier-Seethaler). Parallel dazu entdeckte die ethnologische Feldforschung Naturvölker, die Kriege kaum kennen. Das legt denn doch die Vermutung nahe, der Krieg habe keineswegs natürliche, sondern vielmehr historische Wurzeln, sei somit unter kulturellen Bedingungen entstanden, die nicht seit jeher gegeben waren. Carola Meier-Seethaler faßt viele Forschungsergebnisse so zusammen: »Die Geschichte des Krieges beginnt mit der Verherrlichung des Einzelkämpfers und den abenteuerlichen Kriegszügen einer männerbündlerischen Kämpferschar, wird abgelöst von den Eroberungskriegen ehrgeiziger Herrscher, deren Söldnerheere teils um des Abenteuers, teils um der Beute willen irgendwelchen Fahnen folgen, und mündet erst spät in einen eigentlichen Volkskrieg ein.« Die hier fallenden Stichworte »Einzelkämpfer«, »männerbündlerische Kämpferschar«, »Eroberungskriege ehrgeiziger Herrscher«, »Söldnerheere« treffen genau auf die Gestalt und die Lebensgeschichte Davids zu, der zum Heros seines Volkes und zum Repräsentanten eines Heroismus geworden ist, der vom Wertesystem des Patriarchats geprägt war. In Davids Nachfolge wähnten auch die späteren Könige in Jerusalem, der Kriegshilfe Jahwes gewiß sein zu dürfen – egal, um was für einen Krieg es sich dabei handelte.

2

Dadurch freilich, daß David auch *Dichter* und *Musiker* war, unterschied er sich von den meisten späteren Nachfolgern! Dank seiner musischen Fähigkeiten erscheint er ihnen gegenüber im Glanz einer Ganzheitlichkeit, die ähnlich nur noch Salomo ausstrahlte, weshalb Israel diesem ebenfalls poetische Werke zuschrieb: das Hohe Lied, den Prediger (Kohelet), die apokryphe »Weisheit Salomos« und – last, but not least – die Psalmen 72 und 127. Die danach folgenden Könige Israels und Judäas lebten dem Vorbild des *Königs* und *Kriegers* David nach. Die *musische* David-Tradition wurde hingegen gleichsam »delegiert« und zwar an die von den Königen besoldeten Priester und Leviten im Tempel. In deren Kreis sind die Psalmen teils entstanden, zum mindesten aber endgültig redigiert und wohl auch in Musik und liturgischen Tanz umgesetzt worden. Arbeitsteilung somit auch hier!

Die meisten der David zugeschriebenen Psalmen projizieren Gefühle, Bitten, Klagen, Hoffnungen von anderen und späteren Israeliten auf ihn. Doch ist es nicht Zufall, daß gerade *er* zu einer so reich facettierten Projektionsfigur hat werden können, verkörperte er doch in *einer* Person – als eine Art »uomo universale« – die verschiedensten Möglichkeiten menschlich-männlicher Existenz. Kein Zufall deshalb auch, daß für die späteren Rabbinen und den Talmud die davidische Abstammung des Messias selbstverständlich und »Sohn Davids« eine geläufige Messiasbezeichnung war. Wenn im Neuen Testament die davidische Herkunft Jesu ebenfalls als gegeben gilt (z. B. Matthäus 1,1; 21,9; Römer 1,3; 2. Timotheus 2,8), so verweist sie auch hier wohl weniger auf den Krieger und Feldherrn David, als vielmehr auf den »uomo universale«, dem, wie »seine« Poeme beweisen, nichts Menschliches fremd blieb: Davidssohn = Menschensohn = *der* Mensch.

Doch was ist vor Gott schon ein Mensch und selbst ein König (3)? Ein Hauch, ein Schatten (4). In äußerster Not und Drangsal retten weder Königsglanz noch Heroismus, sondern einzig Gottes Intervention. Eben diese wird hier erfleht (5–8). Der königliche Beter bittet um eine Gotteserscheinung, deren unwiderstehliche Macht nach alter Überlieferung (vgl. zu Psalm 18) sich in gewaltigen Gewittern und Vulkanausbrüchen (5/6) äußert, im Einbruch chaotischer Wassermassen auch (7). Hier freilich dürften die aufgezählten Naturphänomene Bilder, Metaphern sein für feindliche und vertragsbrüchige Völker (7/8), von denen sich der König bedroht sieht.

Jedenfalls zeigt der Psalm, daß, wie jeder andere Mensch, so auch ein König und selbst David verloren ist ohne Gottes Hilfe. Nur wenn Gott hilft, können Menschen und Könige sich selber helfen – und nicht umgekehrt! Hier stößt auch patriarchale Macht an ihre Grenze.

Typisch davidisch (10) dann das Gelübde: »Gott, ein neues Lied singe ich dir, auf zehnsaitiger Leier spiele ich dir auf!« (9) Neuen Heilserfahrungen soll auch eine neue Theopoesie, eine neue Musik entsprechen, die die Fürbitte für die Heilszukunft des Volkes (12–15) in Gesang und Preisung weiterleben lassen. Und für einmal werden jetzt nicht nur die Söhne, sondern ebenfalls die Töchter genannt und gewünscht, daß sie »den Ecksäulen gleich seien« (12) eines Palastes – ein bis heute stets wiederkehrendes Bild, preist doch auch Maurice Chappaz heutige Walliser Mädchen als »unsere dorischen Säulen«.

Psalm 145

1 Eine Preisung Davids.
Ich will dich erheben, mein Gott, du König,
und deinen Namen preisen immer und ewig!
2 Jeden Tag will ich dich preisen
und deinen Namen rühmen immer und ewig!
3 Groß ist der Herr und hoch zu preisen,
seine Größe ist unerforschlich.
4 Deine Werke kündet ein Geschlecht dem andern,
deine Machttaten werden sie erzählen.
5 Den Ehrenglanz deiner Hoheit sollen sie kundtun,
die Begebnisse deiner Wunder berichten.
6 Von der Macht deiner furchtbaren Taten werden sie reden,
von deinen Großtaten erzählen!
7 Das Gedächtnis deiner großen Güte sollen sie kundmachen,
jubeln sollen sie ob deiner Gerechtigkeit!
8 Gnädig und barmherzig ist der Herr,
langmütig und groß in seiner Verbundenheit!
9 Der Herr ist gütig gegen alle,
sein Erbarmen waltet über all seinen Geschöpfen.
10 Dich preisen, Herr, alle deine Geschöpfe,
und deine Frommen segnen dich.
11 Sie sprechen von der Herrlichkeit deines Königtums
und reden von deiner Macht,
12 damit den Menschen kundwerde deine Kraft,
der herrliche Glanz deines Königtums.
13 Dein Königtum ist ein Königtum für alle Zeiten,
deine Herrschaft währt von Geschlecht zu Geschlecht.
Der Herr ist treu in all seinen Worten
und gnädig in all seinem Tun.
14 Der Herr hält alle, die da fallen,
alle Gebeugten richtet er auf.

15 Aller Augen warten auf dich,
du gibst ihnen Nahrung zur rechten Zeit.
16 Du tust deine Hand auf
und sättigst alles, was lebt, mit Wohltat.
17 Bewährt ist der Herr in allen seinen Wegen,
huldreich in allen seinen Werken.
18 Der Herr ist nahe allen, die ihn anrufen,
allen, die ihn in Aufrichtigkeit anrufen.
19 Er erfüllt das Verlangen derer, die ihn fürchten,
er hört ihr Schreien und hilft ihnen.
20 Der Herr hütet alle, die ihn lieben,
alle Frevler aber bringt er zum Verschwinden.
21 Mein Mund redet Preisung des Herrn,
damit alles Fleisch seinen heiligen Namen segne,
immer und ewig!

Vorbei die Zeit eigener Könige in Jerusalem! Die Schlußredakteure des Psalters wußten vermutlich, weshalb sie der Königsbitte von Psalm 144 unmittelbar *diesen* Psalm folgen ließen, der, abgesehen von der Zuschreibung an David, nur noch *einen* König, nämlich Jahwe, nennt (1). Nach dem Zusammenbruch der Monarchie kehrte man in der Zeit von Exil und Nachexil gleichsam wieder zurück zum vorköniglichen Gideonspruch (Richter 8,23): Nicht ein Mensch, *Jahwe* soll Israels König sein! Allein *sein* Königtum überdauert und bleibt »für alle Zeiten« (13)! Nach den Erfahrungen des Exils und mit vorderorientalischer Großmachtpolitik hatte sich der Denkhorizont jedoch ausgeweitet, sozusagen universalisiert. Jahwes Machttaten werden nicht mehr ausdrücklich mit Ereignissen der israelitischen Früh- und Königsgeschichte belegt (4–8); Gottes Güte erweist sich nicht nur gegenüber Israel, er ist vielmehr gütig »gegen alle, sein Erbarmen waltet über all seinen Geschöpfen« (9), ob Menschen, ob Tiere.

Der Psalm, einer sehr späten Zeit entstammend, ist von allen Psalmen der dem Neuen Testament zeitlich wohl nächste. Der in ihm markant gebrauchte Begriff »Königtum« resp. Königsherrschaft oder auch (König-)Reich Gottes (11–13) kam in früheren Psalmen nicht vor, taucht erst in Psalm 103,19 auf, findet sich daneben im ebenfalls späten Buch Daniel (4,31) und spielt hernach, wie bekannt, eine zentrale Rolle in der Verkündigung Jesu. Das Auftauchen dieses Begriffs ist aber nicht allein auf den Zusammenbruch des judäisch-davidischen Königtums, sondern ebenfalls auf das Ende des persischen Weltreichs zurückzuführen. Den Persern hatten die Juden die Rückkehr aus dem Exil, den Wiederaufbau Jerusalems und des Tempels sowie eine sogar auch materiell unterstützte Autonomie zu verdanken gehabt. Kein Wunder deshalb, daß man die Oberhoheit der Perser als wohltuend empfand, sie als eine neue Form der gnädigen Zuwendung *Jahwes* deutete. Sollte im persischen Weltreich vielleicht gar SEIN universales Reich angebrochen sein? Derartige Hoffnungen blühten im nachexilischen Judentum jedenfalls auf. Als dann aber das Perserreich im dritten vorchristlichen Jahrhundert durch Alexander den Großen zerschlagen wurde, wurden auch sie geknickt – wie so manche Hoffnungen vorher und auch nachher, die sich an politische »Reiche« knüpften.

In Psalm 145 sind politisch-eschatologische Erwartungen zurückgetreten, nahezu verschwunden. Im Vordergrund stehen nunmehr Erfahrungen der gütigen Hilfsmacht (8/9.14) und der Nahrungsvorsorge (15/16) Gottes. In ihnen manifestiert sich jetzt die Universalität der göttlichen Königsherrschaft. Multinationale Weltweite bleibt demnach »dem Gottesreich allein vorbehalten, das sich... nun unmittelbar im individuellen Leben von Mensch und Tier offenbart. Die politisch-kosmische Ordnung geht ganz in der natürlichen (Schöpfungs-)Ordnung des gütigen Gottes auf, in der zuerst das Überleben (145, 14.15f.) und speziell für den Menschen zugleich das persönliche Bekenntnis zählt, Gott zu fürchten und zu lieben (18–20). Wo beides gegeben ist, dort ist nach Meinung von Psalm 145 das Reich Gottes auf Erden präsent und unter den Menschen bekannt (V.12), dort ist Gottes ›heiliger Name‹ in aller Munde geehrt (V.1f.; 21).« (Reinhard Gregor Kratz)

Der Psalm ist von aktueller Realistik: nach dem Scheitern politischer Weltreiche und »neuer Weltordnungen« breitet der Hunger sich immer mehr aus. Allein schon dessen Beseitigung wäre heute als Wohltat der Gottesherrschaft zu preisen! Dabei ist nach den Versen 15/16 nicht allein an Menschen, sondern ebenso an Tiere und ganze Tierarten zu denken, denen sogenannter Fortschritt die Nahrungsbasis entzieht.

2

Die zeitliche Nähe zum Neuen Testament wird in diesem Psalm insbesondere spürbar als Nähe zum *Unser-Vater* (Matthäus 6,9–13). Bereits stehen Gottes »Name« und »Königsherrschaft« – nach jüdischer Auffassung die beiden »Säulen der Welt« – im Vordergrund (1/2; 11–13; 21). Ihre Konkretion erfahren sie hier wie dort in der Gabe der Nahrung (15/16), des »täglichen Brotes«. »Wenn ich recht sehe, ist damit Psalm 145 (in der Auswahl und Anordnung der Akzente aus Ps. 103/104) die nächste Parallele zu Bestand und Konzeption der Themenkombination im Vaterunser.« (Reinhard Gregor Kratz) Allerdings stützt der Psalm sein Gotteslob auf *gegenwärtige* Heilserfahrungen. Das Unser-Vater hingegen bittet um das *kommende* Reich Gottes, ist also erneut auf Zukunft, d. h. eschatologisch ausgerichtet.

Psalm 146

1 Hallelujah!
Lobe, meine Seele, den Herrn!
2 Ich will den Herrn loben mein Leben lang,
meinem Gott spielen, solange ich da bin!
3 Vertraut nicht auf Vornehme,
nicht auf einen Menschen, bei dem keine Hilfe ist!
4 Führt sein Geist aus, kehrt er wieder zur Erde,
am gleichen Tag noch sind seine Pläne dahin.
5 Glücklich, wessen Hilfe der Gott Jakobs ist,
wessen Erwartung auf den Herrn, seinen Gott, geht,
6 der Himmel und Erde gemacht hat,
das Meer und alles, was darin ist,
der Treue hält ewig,
7 der den Bedrückten Recht schafft,
der den Hungrigen Brot gibt.
Der Herr befreit die Gefangenen,
8 der Herr macht die Blinden sehend,
der Herr richtet die Gebeugten auf,
der Herr liebt die Bewährten,
9 der Herr behütet die Fremden!
Waise und Witwe erhält er,
doch den Frevler leitet er in die Irre.
10 Es herrscht der Herr als König für immer,
dein Gott, o Zion, von Geschlecht zu Geschlecht!
Hallelujah!

Wie Psalm 145 ein später, bereits mit Aramäismen durchsetzter, ebenfalls alphabetisch gereihter, d. h. auf leichte Memorierbarkeit hin gestalteter Psalm. In alter Zion-Tradition preist er Jahwe als den »König für immer« (10). Glücklich, wer *ihm* sich anvertraut (5–9) und nicht den »Vornehmen« (3; vgl. Psalm 118,9)! Mag deren Macht und Reichtum zunächst faszinieren – sterblich sind sie trotzdem (4). Und weil sie sich selber so glanzvoll zu behaupten wissen, ist von ihnen »keine Hilfe« (3) zu erhoffen, schon gar nicht für Hilflose, die – z. B. als Unterdrückte, Hungernde, Gefangene (7) – nicht zur geringsten Gegenleistung fähig sind.

Jahwe zählt nicht zum Kreis (oft auch: Klüngel) der »Vornehmen«, ist nicht die Spitze einer sozialen Pyramide, darum nicht heimisch in Thronsälen, Chefetagen oder an Gipfelkonferenzen. Kein sozialer oder hierarchischer Rang determiniert und beschränkt sein Handeln. Als Schöpfer von Himmel, Erde und Meer (6) ist er nie ins Begünstigungs- und Günstlingsnetz der Mächtigen verstrickt. Freilich: »Wir wissen nichts von Gottes Wesen, aber wir wissen, was er uns tut.« (Simone Weil) Und eben daran, was er uns tut, entzündet sich – ähnlich wie in der großen Dankliturgie von Psalm 107 – die Preisung Jahwes und derer, die ihm vertrauen (5–10). In Jahwes Taten offenbart sich seine Zuwendung zu den Einfluß- und Wehrlosen (7–9). Gerade ihnen hält der Schöpfer die Treue (6) und führt ihre Bedrücker und Ausbeuter in die Irre (9 c; vgl. 34,17.22; 36,13; 37,20.28.35–38).

Diese Aus- und Zusagen werden nun aber nicht als Belehrung weitergereicht, sie sind Hymnus, Gesang zur Preisung Jahwes, des ewigen und universalen Königs! »La raison ne peut que parler; c'est l'amour qui chante.« (Joseph de Maistre) Die schriftgelehrten Psalmverfasser waren durchaus Theopoeten. Wie jeder Hymnus ist auch dieser ein kultischer Festgesang. Fest aber hieß, im Tempel und später auch in Synagogen und Kirchen: »... sich in die Gegenwart der Gottheit begeben.« (Odo Casel) Hymnische Theopoesie ist die Wurzel von Poesie überhaupt – aber auch die Wurzel dessen, was später Theo-Logie genannt wurde.

Psalm 147

1 Hallelujah!
Ja, gut ist's, zu musizieren unserem Gott!
Ja, lieblich ist's, einen Lobgesang anzustimmen!
2 Der Herr baut Jerusalem auf,
die Zerstreuten Israels sammelt er.
3 Er heilt die gebrochenen Herzen
und verbindet ihre Wunden.
4 Er bestimmt die Zahl der Sterne,
ruft sie alle mit Namen.
5 Groß ist unser Herr und reich an Kraft,
seine Weisheit ist nicht zu ermessen.
6 Der Herr hilft den Elenden auf,
die Frevler (aber) erniedrigt er in den Staub.
7 Stimmt ihm einen Gesang an zum Dank,
spielt unserem Gott auf der Leier!
8 Er hüllt den Himmel in Wolken,
er schafft Regen für die Erde.
Er läßt Gras sprießen auf den Bergen,
Saatgrün für den Ackerbau der Menschen.
9 Er gibt Nahrung dem Vieh,
den jungen Raben, wonach sie schreien.
10 Nicht hat er Gefallen an der Gewalt des Rosses,
keine Freude an den Schenkeln des Mannes.
11 Der Herr hat Gefallen an denen, die ihn fürchten,
an denen, die auf seine Zuwendung harren.
12 Rühme, Jerusalem, den Herrn,
preise Zion, deinen Gott!
13 Denn er macht die Riegel deiner Tore stark,
segnet deine Söhne in deiner Mitte!
14 Er schafft Heil deinem Lande,
sättigt dich mit fettem Weizen.
15 Er sendet zur Erde seinen Spruch,
schnell läuft sein Wort dahin.

16 Er spendet Schnee wie Wollflocken,
verstreut Reif wie Asche.
17 Er wirft (Hagel-)Eis wie Brocken hin,
vor seinem Frost erstarren die Wasser.
18 Er entsendet sein Wort und läßt sie schmelzen,
er bläst seinen Odem, da rieseln die Wasser.
19 Seine Worte tat er Jakob kund,
seine Satzungen und Rechte Israel.
20 So hat er nicht jedem Volk getan,
seine Rechtsgeheiße blieben ihnen unbekannt.
Hallelujah!

Musik, Lobgesang (1.7.12), Tanz vielleicht auch – *Fest* jedenfalls! Antonio Fragoso, Bischof von Crateús in Brasilien, sagt im Hinblick auf brasilianische Basisgemeinden: »Von Arbeit und Brot redet man sehr viel, aber das Fundamentale für die Welt des Volkes ist das Fest.« In Israel hatten, erst recht in und nach notvollen Zeiten, religiöse Feste eine nicht kleinere Bedeutung als heute in lateinamerikanischen Basisgemeinden. »Gut«, »lieblich« ist's allemal (1), Jahwe singend und musizierend ein Fest zu feiern.

Nicht immer drücken Feste, wie der Neo-Thomist Josef Pieper glaubte, »Zustimmung zur Welt« aus. Oft genug hatte gerade das diesseitsorientierte Israel Grund, der Welt, die es geschichtlich zu erleiden hatte, nicht zuzustimmen und durch Zustimmung zu bestätigen. Trotzdem feierte es Feste, deren Preisung und Zustimmung jedoch nicht der Welt, sondern *Jahwe* galten, dem Erschaffer des Kosmos (3/4), der auch die Erde fruchtbar werden läßt und so Nahrung schafft für Mensch und Tier (8/9.14.16–18). Vor allem aber galt Israels Preisung dem, der je und je wieder verändernd (2), heilend (3), den Elenden aufhelfend (6), in die *Geschichte* eingreift. Ohne dieses Eingreifen drohte Gewalt das letzte Wort zu behalten, das Recht des Stärkeren zum Recht schlechthin zu werden. Doch Jahwe hat keinen Gefallen (andere Übersetzungsmöglichkeit: keine »Lust«) an der Gewalt, die hier durch die »Gewalt des (Streit-)Rosses« und die folglich noch stärkeren »Schenkel des Mannes« (10), d. h. des Reiters, veranschaulicht wird. Jahwes »Satzungen«, »Rechte« (19) und »Rechtsgeheiße« (20) schreiben gerade nicht das Recht des Stärkeren fest, sondern vielmehr das Recht der Schwachen, der Armen. Dem entspricht, daß nach dem Propheten Sacharja der messianische König Rosse und Streitwagen aus Ephraim und Jerusalem ausrotten und »auf einem Esel, auf dem Füllen einer Eselin reiten« wird, dem Reittier der kleinen Leute (Sacharja 9,10; vgl. Matthäus 21,1–7; Johannes 12, 14–16), dem Tier des Friedens auch.

Die Preisung der Schöpfungstaten Jahwes hängt mit der Preisung seiner die Geschichte je und je wieder verändernden Interventionen wesenhaft zusammen, darum auch hüpft der Psalm zwischen diesen und jenen fröhlich, aber nicht einfach nur willkürlich hin und her. Daß Jahwe als Schöpfer geglaubt und gefeiert wird, ist nämlich eine durchaus *geschichts*relevante Aussage, weil sie zunächst eine Absage bedeutet an den vorderorientalischen Glauben, daß Gestirne gottähnliche Schicksalsmächte seien (vgl. 4), sodann auch eine Absage an kanaanäische Vegetationskulte und -gottheiten (vgl. 8/9.14). Bei der damals engen Verwobenheit von Religion und (würden wir heute sagen:) Politik waren religiöse stets auch politische Abgrenzungen.

Besonders hingewiesen sei auf die schöne, weil genaue Beschreibung des für die Fruchtbarkeit des Landes so wichtigen Winters (15–18)! Kein Winterlob, nein. Das Lob gilt einzig und allein *Jahwe*, ist es doch *sein* »Wort« (15.18), das zunächst Schnee und Frost, später dann die Schneeschmelze, das Schmelzwasser, kommen läßt.

Scheinbar unvermittelt springt Vers 19 von der Natur wieder zur Geschichte. Aber nur scheinbar! Die Vermittlung ist durchaus da, ist erkennbar gemacht durch den Begriff »Worte« Jahwes: so wie diese segensreich in der Natur wirken, so ebenfalls in Jakob (= Israel) als »Satzungen«, als Gottes-»Rechte«, d. h. als Thora – ein Privileg für Israel (20)! Das Privileg beinhaltet freilich eine ebenso große Verpflichtung. Ob im Bereich der Natur, ob im Bereich der Geschichte oder im Bereich des Rechts (und, würden wir heute wohl auch sagen: der Ethik), je und je wieder erfährt Israel in verschiedenen (damals aber noch nicht geschiedenen) Bereichen die Zuwendung ein- und desselben Gottes.

2

Laut Vers 2 und 13 entstand der Psalm nach der Vollendung des jerusalemischen Stadtmauerbaus durch Nehemia im Ausgang des fünften vorchristlichen Jahrhunderts. Jahwe hat die Exilierten zurückgebracht, Jerusalem neu aufgebaut, die gebrochenen Herzen geheilt, die geschlagenen Wunden verbunden (2/3). Diese göttliche Heilstat der Wiedereinwurzelung, des Neuaufbaus und damit einer neuen Identitätsfindung ist mit einem großen, aufwendigen Fest gefeiert worden (vgl. Nehemia 12,27–43). Spiegelt sich dessen Freude auch hier im Psalm? Schwer zu sagen. Auf alle Fälle aber preist er – wie alle Festpsalmen und Feste Israels – Jahwes Zuwendung und Treue. Gerade nach großen Erschütterungen und Heimsuchungen, in denen diese Zuwendung unerkennbar, fraglich oder nur noch als Zorn- und Strafgericht erfahrbar wurde, werden Lobgesang und Bekenntnis um so dankbarer laut. Nie ist Jahwes Zuwendung gleichsam ein Besitz derer, die ihrer bedürfen. Nie kann sie zu einem Faktor objektiviert werden, mit dem Menschen oder selbst das Bundesvolk Gottes selbstherrlich operieren können. Immer bleibt diese Zuwendung ereignishaft, bleibt – ob in der Natur oder in der Geschichte – freie Tat Jahwes und damit erst recht ein Grund zum Danken, Feiern, Loben.

Psalm 148

1 Hallelujah!
Preiset den Herrn vom Himmel her,
preiset ihn in den Höhen!
2 Preiset ihn, all seine Boten,
preiset ihn, all seine Scharen!
3 Preiset ihn, Sonne und Mond,
preiset ihn, alle leuchtenden Sterne!
4 Preiset ihn, Himmel der Himmel,
und die Wasser über dem Himmel!
5 Preisen sollen sie den Namen des Herrn,
denn er gebot – und da waren sie geschaffen,
6 er ließ sie erstehen für immer und ewig,
gab eine Ordnung, die sie nicht überschreiten.
7 Preiset den Herrn von der Erde her,
ihr Meerdrachen und ihr Fluten alle!
8 Feuer, Hagel, Schnee und Wolken,
Sturmwind, der sein Wort vollstreckt,
9 Berge und all ihr Hügel,
Fruchtbäume und alle Zedern,
10 das Wild und alle Tiere,
Gewürm und beflügelte Vögel!
11 Könige der Erde und alle Völker,
Vornehme und alle Richter der Erde,
12 Jünglinge und ihr Jungfrauen auch,
Greise mitsamt der Jugend!
13 Preisen sollen sie den Namen des Herrn,
denn sein Name allein ist erhaben.
Seine Hoheit überragt Himmel und Erde.
14 Er hat das Horn seines Volkes erhoben!
Eine Preisung für alle, die ihm vertrauen,
für die Söhne Israels, dem Volk seiner Nähe!
Hallelujah!

Ein liturgischer Hymnus aus nachexilischer Zeit, verwandt mit Hiob 38, Psalm 136 sowie dem apokryphen »Gesang der drei Männer im Feuerofen«. Für all diese Dichtungen hat die Forschung eine Beeinflussung durch altägyptische Listen-Wissenschaft (= enzyklopädische Aufzählung von Naturphänomenen, Personen, Ämtern) nachgewiesen. »Die Eigenart des 148. Psalm besteht darin, daß hier der gesamte Bestand der geschaffenen Welt in das Gotteslob hineingerufen wird.« (Hans-Joachim Kraus)

In den Versen 1–6 werden Gestirne und Himmel, in 7–14 die Erde samt allem, was auf ihr lebt und wirkt, zu Jahwes Rühmung aufgerufen. Himmel und himmlische Mächte (1–4) sollen den Namen dessen preisen, der sie geschaffen (5) und ihnen heilvolle Grenzen gesetzt hat (6). Auch in diesem Psalm ist also nach wie vor die Anschauung lebendig, wonach die Himmel eine Feste bilden, die »die Wasser über dem Himmel« (4; vgl. 1. Mose 1,8; Psalm 29,10; 33,7; 93,4) zurückhält, wodurch die Erde erst zum Atem- und Lebensraum freigesetzt wird.

Den »Wassern über dem Himmel« (4) entsprechen nach dieser alten Vorstellung die (Ur-)Fluten unter der Erde (vgl. Psalm 36,7), oft personifiziert in einem oder mehreren Drachen (vgl. Psalm 74,13; Jesaja 51,9; Jeremia 51,34). Von oben wie von unten her ist somit die Erde dem Ein- resp. Ausbruch chaotisch vernichtender Fluten ausgesetzt. Ihr Bestand und Fortbestand gründet einzig im schaffenden und ordnenden Wort Jahwes (6; vgl. Psalm 65,8; 89,10). Ihn sollen deshalb gerade auch die mythologischen und elementaren Kräfte des »gezähmten« Meeres lobpreisen (7), zusammen mit anderen Naturgewalten (8/9) und mit den Tieren in, auf und über dem Erdboden (10), gemeinsam aber auch mit Königen, hohen Würdenträgern, Richtern (11), sowie mit allen Menschen überhaupt (12). Himmel und Erde, Naturkräfte, Tiere und Menschen jeden Standes sollen sich finden in der einträchtigen Preisung des *Namens*, in dem Jahwe nahe (vgl. 14) und als der EINE Gott doch über Himmel und Erde erhaben ist (13; vgl. Psalm 113,4) – eine kühne Vision und Aufforderung, die adäquat wohl nur als Hymnus artikuliert und gesungen werden konnte! »Der biblische Psalm spricht aus einem Ganzheitsbewußtsein, das wir in dieser Form in der Neuzeit entschieden verloren haben.« (Paul Konrad Kurz) Deshalb auch werden, wenigstens im deutschen Sprachbereich, heutzutage keine Hymnen mehr gedichtet. In der Gesellschaft wie in den Kirchen sind Dichter einzelne, die aus rein subjektiver Perspektive ebenfalls für einzelne *Leser*, doch nicht mehr für eine Gemeinschaft schreiben. Anders die Psalmen, auch dieser Psalm: er redet, er singt im Namen Israels, des »Volkes seiner Nähe« (14), er ist ein *gottesdienstlicher* Hymnus, *für* die Gemeinde und deshalb von Anfang an gewissermaßen auch *von* der Gemeinde (mit-)geschrieben. »Ein ganzes Volk interpretiert seine Existenz in den Psalmen.« (Paul Konrad Kurz) Allerdings nicht irgendein Volk, sondern das Volk Jahwes, das »Volk seiner Nähe«. Dennoch ist diese Theopoesie nicht eigentlich »religiöse« Dichtung. Franz Rosenzweig, der jüdische Denker, pflegte immer wieder zu sagen: »Gott hat nicht die Religion geschaffen, sondern die Welt!« Eben dies besagt auch Psalm 148.

Psalm 149

1 Hallelujah!
Singet dem Herrn ein neues Lied,
sein Lob (erschalle) in der Gemeinde der Frommen!
2 Israel freue sich seines Erschaffers,
jubeln sollen Zions Söhne ob ihrem König!
3 Preisen sollen sie seinen Namen im Reigentanz,
mit Handpauken und Leier ihm spielen!
4 Denn der Herr begnadet sein Volk,
er krönt die Hilflosen mit Heil.
5 Frohlocken sollen die Frommen im Ehrenglanz,
sollen jubeln auf ihren Lagern,
6 Lobpreisungen Gottes in ihrer Kehle,
ein zweischneidiges Schwert in ihrer Hand,
7 Ahndung zu vollziehen an den Völkern,
Strafgerichte an den Nationen,
8 deren Könige mit Fesseln zu binden,
deren Vornehme mit Eisenketten,
9 (um so) Gericht zu üben an ihnen,
wie geschrieben steht.
Ehre ist dies für all seine Frommen!
Hallelujah!

I

Die einen Ausleger halten den Psalm für sehr alt, andere hingegen für sehr jung. Es scheint unmöglich, ihn auf eine bestimmte Zeit festzulegen. Darum muß auch offenbleiben, welche neuen Heilserfahrungen dem »neuen Lied« (1), zu dem die Frommen aufgerufen werden, zugrunde gelegen haben könnten. Jedenfalls aber soll die Lobpreisung *Jahwe* gelten, dem »Erschaffer« Israels (2; vgl. Psalm 100,3; Jesaja 44,2; 51;13), dem »König« auf dem Zion (2; vgl. Psalm 2,6; 146,10). Mit Musik und Tanz, d. h. auch mit leiblicher Anbetung, soll er gepriesen, gefeiert werden (3; vgl. zu Psalm 87,7), denn er »begnadet sein Volk, er krönt die Hilflosen mit Heil« (4). Israel erkennt sich durch den Mund dieses Psalmisten somit als eine Schar von Hilflosen, die ohne Jahwes stets wieder schützende und befreiende Hilfe verloren wären (vgl. Psalm 14,7; 106,4; 116,6). Jahwe ist der Gott, bei dem Hilflose und Arme in einzigartiger Weise Gehör und Hilfe finden (vgl. Psalm 10,17; 69,34). Wie ein roter Faden durchzieht die Verkündigung und Erfahrung von Jahwes Solidarität mit den Hilflosen, den Armen, den ganzen Psalter. Er ist der Anwalt ihrer Menschenwürde und ihrer Menschenrechte, ob es sich nun um Hilflose *im* Volk oder um das zuzeiten insgesamt hilflose Volk handelt. Israels Erwählungsglaube wurzelt gerade nicht im Bewußtsein eigener Stärke oder in einem völkischen Überlegenheitsgefühl, sondern in der je und je wieder neu erlebten Gemeinschaft Jahwes mit Gebeugten, mit Elenden und Hilflosen. Seit altersher urbildlich dafür war das Grundgeschehen des Exodus, der Befreiung hebräischer Sklaven aus Ägypten, des göttlichen Bundesschlusses mit einem Haufen Entrechteter und Entwurzelter inmitten einer Welt, nach deren Anschauung Götter sich meistens mit den Herrschern zu verbünden pflegten. Allezeit sensibel reagierten deshalb die an der Thora sich orientierenden Zaddikim (die Bewährten, die Frommen) und vor allem die Propheten auf soziales Unrecht, auf Unterdrückung im Gesellschaftsgefüge des eigenen Volkes.

2

Wie aber 5–9 verstehen? Hier geht die Rede von Frommen, die auf ihren Lagern (5) »Lobpreisungen Gottes in ihrer Kehle«, zugleich aber auch »ein zweischneidiges Schwert in ihrer Hand« (6) haben – ein Bild allzeit vorhandener Verteidigungsbereitschaft, wie z. B. in den Kibbuzim des noch jungen Staates Israel? Nein, weit mehr als das! Israel, so Vers 7, wird Jahwes ahndende Strafgerichte an den Völkern und Nationen mitvollstrecken helfen, wird Könige und Nobilitäten in Ketten legen (8), »(um so) Gericht zu üben an ihnen, wie geschrieben steht« (9). Wohl in der Erwartung, diese Strafgerichte könnten jederzeit beginnen, legen die Frommen sich, auf Abruf gleichsam, mit dem Schwert nieder.

Daß ein Volk sich berufen fühlt, an anderen Völkern Gottes Gericht zu vollstrecken, ist inzwischen zu einer unerträglichen, durch den modernen Nationalismus vollends pervertierten Vorstellung geworden.

Allein, waren die »Frommen« (1.5.9) Nationalisten im modernen Sinn dieses Begriffs? Wohl kaum. Ebensowenig waren sie fromm im uns geläufigen Sinn einer jenseitsorientierten Frömmigkeit. Weder glaubten sie an ein Jenseits noch an ein erst jenseitiges Gottesgericht. Vielmehr erwarteten sie ein diesseitiges Gerichtsgeschehen, das der göttlichen Heiligkeit und Gerechtigkeit irdisch zum Durchbruch verhelfen würde. Zu diesem Durchbruch gehören der Sturz und die Bestrafung der Mächte und Mächtigen, die sich dem Willen und Heil Jahwes in den Weg stellten. Die vom Psalm genannten Frommen halten sich bereit, um an diesem Umbruch, der naturgemäß nicht gewaltlos sein kann, auf Jahwes Seite mitzustreiten: »Ehre ist dies für all seine Frommen.« (9)

Doch auch so verstanden bleiben die Verse 5–9 befremdlich. Allerdings müßte man gleich nachfragen: Befremdlich für wen? Für uns Mitteleuropäer natürlich. Sind 5–9 aber auch befremdlich für die Armen und Elenden der Dritten Welt, die ihre Lebens- und Menschenrechte jetzt und nicht erst im Jenseits von uns einfordern?

Psalm 150

1 Hallelujah!
Preiset Gott in seinem Heiligtum,
preiset ihn in der (himmlischen) Feste seiner Macht!
2 Preiset ihn um seiner Machttaten willen,
preiset ihn ob der Fülle seiner Größe!
3 Preiset ihn mit dem Schall der Hörner,
preiset ihn mit Schrägleier und Kastenleier!
4 Preiset ihn mit Handpauke und Reigentanz,
preiset ihn mit Saitenspiel und Schalmei!
5 Preiset ihn mit hell klingenden Zimbeln,
preiset ihn mit schmetternden Zimbeln!
6 Aller Atem preise den Herrn!
Hallelujah!

1

Nach Inhalt und Form könnte der letzte ebensogut der erste der 150 Psalmen sein. Seine imperativischen Aufrufe, Aufforderungen zur Preisung Gottes eröffnen und intonieren, als wäre hier, am Ende des Psalters, wiederum Anfang. Absicht vielleicht? Mit der kanonischen Psalmen-Sammlung, so etwa könnten deren Endredaktoren sich gedacht haben, ist Gottes Preisung – dieses »Kennzeichen der lebendigen Erkenntnis« (Friedrich Christoph Oetinger) – keineswegs ausgesungen, in seinen inhaltlich-formalen Möglichkeiten noch bei weitem nicht erschöpft. Gott, lebendig in alle Zukunft – »Ich werde da sein, als der ich (je und je) da sein werde« (2. Mose 3,14) –, verbleibt auch weiterhin im Dialog mit seinem Volk und durch dieses mit seiner Menschheit. Darum werden ihm stets wieder neue und andere Theopoesie, Theohymnik antworten wollen, antworten müssen. Eines der hebräischen Wörter für »singen« bedeutet nicht umsonst: antworten, respondieren (= 'anā). Selbst nach Auschwitz versuchte Paul Celan doch wieder an die alten Preisungen (= Psalmen) anzuknüpfen:

»Chöre, damals, die
Psalmen. Ho, ho-
sianna.
Also stehen noch Tempel. Ein
Stein
hat wohl noch Licht.
Nichts,
nichts ist verloren.
Hosianna.«

2

Der Aufruf zur Preisung (1) richtet sich an die ganze Schöpfung (vgl. Psalm 148; 65,13/14), miteingeschlossen die geschaffenen himmlischen Mächte (vgl. Psalm 29,1.9; 148,1–6). Insofern ist Preisung Gottes hier nicht als ein Ausdruck menschlich-subjektiven Empfindens zu verstehen. Nicht um Empfindung geht es, sondern um *Entsprechung*! Der »Fülle« von Gottes Größe in seinem uranfänglichen und kontinuierlichen Schöpfungshandeln ebenso wie in seinen geschichtlichen »Machttaten« (2) kann allein das preisende, rühmende Gotteslob entsprechen. Ist es ursprünglich rufend, singend artikuliert worden? Jedenfalls drängt es allezeit wieder von der bloßen Rezitation zur Musik, vom Sagen zum Singen. Zufall kann es kaum sein, daß der letzte Psalm ein einziger Aufruf zum Musizieren und Singen ist.

Die Verse 3–5 rufen die (Tempel-)Musikanten auf, mit ihren Instrumenten Gott zu preisen. Musik hieß aber stets auch »Reigentanz« (4). Tanz ist die Mutter (im Deutschen: der Vater) der Musik. Die elementarste Art »instrumentaler« Begleitung dürften Händeklatschen und Füßestampfen gewesen sein. »Von daher kommen die Schlag- und Schüttelinstrumente. Dagegen sind die Blas- und Saiten-Instrumente technische Projektionen der Stimme.« (Claus Westermann) So etwa schlug die kleine »Handpauke« (4) oder Handtrommel (Tamburin) den Tanz*rhythmus* (vgl. Psalm 149,3; 1. Mose 31,27; 2. Mose 15,20; 1. Samuel 18,6 und öfters). Doch auch die Zimbeln (5), zwei metallene (entweder kleinere und hell klingende oder größere und dunkel schmetternde) Becken sind *rhythmisch* aufeinandergeschlagen worden. Das kräftige Skandieren des Rhythmus war für das Musizieren so grundlegend, wie Atem- und Herzrhythmus für das Leben der Geschöpfe. Leben ist Rhythmus. Rhythmus ist Leben.

Dem Rhythmus gegenüber blieb Klangdifferenzierung nebensächlich. Nicht Mehrstimmigkeit wurde angestrebt, sondern Einstimmigkeit: »Und es geschah, als sie miteinander bliesen und sangen, war es zu hören wie EINE Stimme zum Lob und zur Preisung Jahwes.« (2. Chronik 5,13). Erst in Europa und im Mittelalter ist mehrstimmiges, »zusammenklingendes« Singen und Musizieren aufgekommen.

»Hörner« (3a), meist gebogene Widderhörner, waren ursprünglich Signalhörner im Krieg (vgl. Josua 6,4–20), bald auch im Kult (vgl. 1. Chronik 15,24; 16,6; 2. Chronik 29,26). Sie musizieren und spielen nicht eigentlich, sie »schallen«, sie künden an, sie rufen, rufen auf. Schrägleier (mit schrägem Joch) und Kastenleier (3 b) hingegen musizierten, spielten (»Saitenspiel« 4), desgleichen die Schalmei (4), eine Längsflöte, »die ohne Mundstück über die Kante der Oberöffnung geblasen wird« (Hans-Joachim Kraus). Ihre Töne lösten Freude aus (Hiob 21,12). Für Franz Delitzsch ist die Schalmei dasselbe wie die Syrinx, die Hirten- und Panflöte der Griechen, die aus mehreren Schilfrohrstücken verschiedener Länge besteht. Laut biblischer Überlieferung war der Lamech-Sohn Jubal »der Vater all derer, die Leier und Schalmei handhaben« (1. Mose 4,21), der Vater aller Musikanten also, nach späterer Deutung gar »der Erfinder der Musik« (Isidor von Sevilla) überhaupt – gleichwie Pythagoras in der griechischen Tradition. Nahe lag natürlich die Assoziation Jubal / Jubel – nach den Versen des Schriftstellers August Kopisch (1799–1853):

»Der Jubal war, das weiß man schon,
des alten Lamech junger Sohn;
doch glauben wir, daß er gewiß
nicht Jubal, sondern Jubel hieß.«

Glücklicherweise gab's im alten Israel noch keine reproduzierenden Tonträger und somit auch keine Möglichkeit, eine bestimmte Form des Musizierens und Singens zu kanonisieren, zu sakralisieren. Der Aufruf zum musizierenden Gotteslob bleibt so ein Aufruf an die musikalische Kreativität der Gläubigen.

3

»Aller Atem preise den Herrn!« (6) Denn Jahwe ist's, der als »Gott des Lebensodems in allem Fleisch« (4. Mose 16,22; 27,16) Menschen wie Tieren den Atem gibt und wiederum wegnimmt (vgl. Psalm 104,30; 1. Mose 2,7; Hiob 34,14/15; Jesaja 42,5; Ezechiel 37,5; Apostelgeschichte 17,25). Daß atmen Leben, nicht mehr atmen aber Tod bedeutet, ist allgemein menschliche und religiöse Erfahrung. So etwa heißt das indische Nirwana im wörtlichen Sinn: »Entatmen«.

Als Atem ist Leben nicht besitzbar, nicht hortbar: »Und was du hast, ist Athem zu hohlen.« (Friedrich Hölderlin)

Nach biblischer Anschauung aber »holen« wir den Atem (und damit das Leben) immerzu bei dem, der ihn »gibt«, bei Gott. Atmend leben wir in »schlechthinniger Abhängigkeit von Gott« (Friedrich Schleiermacher). Von »Atemkathedralen«, von »Atemandacht« sprach deshalb der Dichter Theodor Däubler, zu Recht staunend über die Tatsache, daß Gott alles Leben auf den so flüchtigen Atem gründete, auf ein »Fundament« also, das überhaupt keiner jener Anforderungen entspricht, wie sie üblicherweise an ein Fundament gestellt werden müssen. Übliche Fundamente reden, singen, musizieren freilich auch nicht! Atem hingegen tönt als Stimme, kann Gesang und Musik werden und dergestalt auf Gottes schaffendes Reden und Handeln antworten. Kein Zufall deshalb, daß just dieser Musik-Psalm mit dem Aufruf schließt: »Aller Atem (d. h. der Atem aller) preise Jahwe!« Denn er, Gott, ist – zeitgemäß gesprochen – die elementare »Ressource« unseres und allen Lebens. Mit dem blinden Vertrauen auf die eigene »othemarme« (Hölderlin) Geschäftigkeit schneiden wir uns von dieser »Ressource« ab und zerstören gleichzeitig alle anderen Lebensressourcen, schließlich auch die Luft, die wir atmen. Insofern ruft dieser letzte Psalm gerade uns Heutige zu einer neuen Preisung Gottes auf, die Widerstand und handelnde Umkehr auszulösen vermag.

Einige Literatur, die hilfreich gewesen und benützt worden ist

Adorno, Theodor W.: Minima Moralia. Frankfurt a. M. 1951.

Apokryphen zum Alten und Neuen Testament. Herausgegeben von Alfred Schindler. Zürich 1988.

Ateek, Naim Stifan: Recht, nichts als Recht! Entwurf einer palästinensisch-christlichen Theologie. Fribourg / Brig 1990.

Bächli, Otto: Israel und die Völker. Eine Studie zum Deuteronomium. Zürich–Stuttgart 1962.

Barth, Karl: Kirchliche Dogmatik I / 1. Zollikon-Zürich 1944.

Barth, Karl: Kirchliche Dogmatik II / 1. Zollikon-Zürich 1940.

Barth, Karl: Dogmatik im Grundriß. Zollikon-Zürich 1947.

Ben-Chorin, Schalom: Die Selbstoffenbarung Gottes. In: Die Zehn Gebote I. Stuttgart 1985.

Benjamin, Walter: Angelus Novus. Frankfurt a. M. 1967.

Blumenberg, Hans: Wirklichkeitsbegriff und Wirkungspotential des Mythos. In: Poetik und Hermeneutik IV (»Terror und Spiel«). München 1971.

Blumhardt, Christoph: Christus in der Welt. Briefe an Richard Wilhelm. Zürich 1958.

Boumann, Johann: Der Koran und die Juden. Die Geschichte einer Tragödie. Darmstadt 1990.

Brumlik, Micha: Phänomenologie und theologische Ethik. In: Lévinas. Schriftenreihe Parabel Bd. 12. Gießen 1990.

Buber, Martin: Das Buch der Preisungen. Heidelberg 1975.

Bultmann, Rudolf: Marburger Predigten. Tübingen 1956.

Burri, Eduard: Christentum und Zins. Bern 1926.

Celan, Paul: Gedichte I / II. Frankfurt a. M. 1975.

Celan, Paul: Zeitgehöft. Späte Gedichte aus dem Nachlaß. Frankfurt a. M. 1976.

Chargaff, Erwin: Abscheu vor der Weltgeschichte. Stuttgart 1988.

Cohen, Hermann: Der Nächste. Vier Abhandlungen über das Verhalten von Mensch zu Mensch nach der Lehre des Judentums. Berlin 1935.

Corti, Walter Robert: Heimkehr ins Eigentliche. Schaffhausen 1979.

Däubler, Theodor: Dichtungen und Schriften. München 1956.

Delitzsch, Franz: Neuer Commentar über die Genesis. Leipzig 1887.

Dumézil, Georges: Der Götterbote. In: Pariser Gespräche, geführt von François Ewald. Berlin 1989.

Ebach, Jürgen: Schöpfung in der hebräischen Bibel. In: Ökologische Theologie. Perspektiven zur Orientierung. Herausgegeben von Günter Altner. Stuttgart 1989.

Ebeling, Gerhard: Theologie und Verkündigung. Tübingen 1962.

Frei, Walter: Das Entstehen mehrstimmiger Musik und die Einheit des Glaubens. Basel 1964.
Gott nach Auschwitz. Dimensionen des Massenmords am jüdischen Volk (Elie Wiesel, Lucy S. Dawidowicz, Dorothy Rabinowitz, Robert McAfee Brown). Herausgegeben von Eugen Kogon / Johann Baptist Metz. Freiburg i. Br. 1979.
Heschel, Abraham J.: Gott sucht den Menschen. Eine Philosophie des Judentums. Neukirchen-Vluyn 1980.
Heschel, Abraham J.: Der Mensch fragt nach Gott. Untersuchungen zum Gebet und zur Symbolik. Neukirchen-Vluyn 1982.
Jabès, Edmond: Das Buch der Fragen. Frankfurt a. M. 1989.
Jabès, Edmond: Die Schrift in der Wüste. Gedanken, Gespräche, Gedichte. Herausgegeben von Felix Philipp Ingold. Berlin 1989.
Jonas, Hans: Der Gottesbegriff nach Auschwitz. Eine jüdische Stimme. Frankfurt a. M. 1987.
Juhre, Arnim: Singen auf bewegter Erde. Psalmen und Lieder. Stuttgart 1990.
Jüngel, Eberhard: Gott als Geheimnis der Welt. Tübingen [2] 1977.
Köhler, Ludwig: Theologie des Alten Testaments. Tübingen 1947.
Der Koran. Übers. von Rudi Paret. Stuttgart–Berlin–Köln–Mainz 1962.
Kratz, Reinhard Gregor: Die Gnade des täglichen Brots. Späte Psalmen auf dem Weg zum Vaterunser. In: Zeitschrift für Theologie und Kirche. 89. Jg. / Heft 1, Tübingen 1992.
Kraus, Hans-Joachim: Die Psalmen II. Neukirchen-Vluyn 1960.
Kraus, Hans-Joachim: Rückkehr zu Israel. Beiträge zum christlich-jüdischen Dialog. Neukirchen-Vluyn 1991.
Küng, Hans: Das Judentum. München 1991.
Kurzes Bibelwörterbuch. Herausgegeben von Hermann Guthe. Tübingen und Leipzig 1903.
Lasker-Schüler, Else: Dichtungen und Dokumente. München 1951.
Lévinas, Emmanuel: Wenn Gott ins Denken einfällt. Diskurse über die Betroffenheit von Transzendenz. Freiburg–München [2] 1988.
Lévinas, Emmanuel: Außer sich. Meditationen über Religion und Philosophie. München 1991.
Magass, Walter: exempla ecclesiastica. Beispiele apostolischen Machtverhaltens. Bonn 1972.
Meier-Seethaler, Carola: Ursprünge und Befreiungen. Eine dissidente Kulturtheorie. Zürich 1988.
Miskotte, Kornelis Heiko: Wenn die Götter schweigen. Vom Sinn des Alten Testaments. München 1963.
Neues Handbuch theologischer Grundbegriffe. 4 Bände. Herausgegeben von Peter Eicher. München 1984/85.
Noth, Martin: Geschichte Israels. Göttingen [2] 1954.
Pannenberg, Wolfhart: Späthorizonte des Mythos in biblischer u christlicher Überlieferung. In: Poetik und Hermeneutik IV (»Ter und Spiel«). München 1971.

Pieper, Josef: Zustimmung zur Welt. Eine Theorie des Festes. München 1963.
Plöger, Otto: Sprüche Salomos (Proverbia). Neukirchen-Vluyn 1984.
Psalmen vom Expressionismus bis zur Gegenwart. Herausgegeben von Paul Konrad Kurz. Freiburg–Basel–Wien 1978.
von Rad, Gerhard: Theologie des Alten Testaments I. München 1957.
Rosenzweig, Franz: Briefe. Berlin 1935.
Rosenzweig, Franz: Der Stern der Erlösung. Den Haag [4]1976.
Ruh, Kurt: Meister Eckhart. Theologe, Prediger, Mystiker. München 1985.
Sachs, Nelly: Fahrt ins Staublose. Gedichte. Frankfurt a. M. 1988.
Saint-Pol-Roux: Täfelchen. In: Akzente 2, München 1991.
Scholem, Gershom: Von der mystischen Gestalt der Gottheit. Zürich 1962.
Stähelin, Martin: Pythagoras und Jubal als »Erfinder« und »Bewahrer« der Musik. In: Neue Zürcher Zeitung, 26. 3. 1972.
Stevens, Wallace: Der Planet auf dem Tisch. Gedichte und Adagia. Hamburg 1961.
Strauss, Ludwig: Wintersaat. Zürich 1953.
Strolz, Walter: »Kein Gott außer mir!« Prophetischer Monotheismus als Einheitserfahrung. In: Neue Zürcher Zeitung, 29. 2. / 1. 3. 1992.
Theissen, Gerd: Soziologie der Jesusbewegung. Ein Beitrag zur Entstehung des Urchristentums. München 1977.
Velikovsky, Immanuel: Erde im Aufruhr. Frankfurt a. M. – Berlin 1983.
Voigts, Manfred: Am Ende der Sprache. Zur rettenden Kraft des Wortes in der atomaren Endzeit. Vier Aufsätze. Würzburg 1983.
Weiser, Arthur: Die Psalmen (ATD 14 und 15). Göttingen [9]1979.
Westermann, Claus: Vergegenwärtigung der Geschichte in den Psalmen. In: Zwischenstation. Festschrift für Karl Kupisch zum 60. Geburtstag. München 1963.
Wildberger, Hans: Jesaja II (13–27). Neukirchen-Vluyn 1978.
Wittgenstein, Ludwig: Tagebücher. Frankfurt a. M. 1960.
Wolfskehl, Karl: Die Stimme spricht. Berlin 1934.
Wolfskehl, Karl Kolloquium. Vorträge, Berichte, Dokumente. Herausgegeben von Paul Gerhard Klussmann. In: Castrum Peregrini, 32. Jg. / Heft 156–158. Amsterdam 1983.
Wörterbuch der feministischen Theologie. Herausgegeben von E. Gössmann, E. Moltmann-Wendel, H. Pissarek, I. Praetorius, L. Schottroff und H. Schüngel-Straumann. Gütersloh 1991.
Wyss, Stephan: Fluchen. Ohnmächtige und mächtige Rede der Ohnmacht. Fribourg 1984.
Zimmerli, Walter: Ezechiel I (1–24). Neukirchen-Vluyn 1969.

Der Autor

Kurt Marti, 1921 in Bern geboren, studierte Jura und Theologie in Bern und Basel (u.a. bei Karl Barth). Im Dienste des Ökumenischen Rates ein Jahr in Paris. Pfarrer in Leimiswil, Niederlenz, und bis 1983 an der Nydeggkirche in Bern. *Preise und Auszeichnungen u.a.:* 1957 Lyrik-Preis Radio Basel; 1967 Preis der Schweizerischen Schillerstiftung; 1972 Johann-Peter-Hebel-Preis des Landes Baden-Württemberg; 1972 Großer Literaturpreis des Kantons Bern; 1977 Dr. theol. h. c. der Universität Bern; 1982 Buchpreis des Deutschen Verbandes Evangelischer Büchereien; 1990 Buchpreis der Stadt Bern (für »Die gesellige Gottheit«).

Im Radius-Verlag liegen von Kurt Marti folgende Bände vor:

Gottesbefragung. Der 1. Johannesbrief heute. 180 S., brosch.
Schöpfungsglaube. Die Ökologie Gottes. 100 S., brosch.
geduld und revolte. die gedichte am rand. Mit einem Vorwort von Ingeborg Drewitz. 100 S., brosch.
Lachen, Weinen, Lieben. Ermutigungen zum Leben. 128 S., brosch.
O Gott! Essays und Meditationen. 210 S., brosch.
Ungrund Liebe. Klagen, Wünsche, Lieder. 60 S., brosch.
Red' und Antwort. Rechenschaft im Gespräch. 128 S., brosch.
Die gesellige Gottheit. Ein Diskurs. 100 S., geb.
Die Riesin. 144 S., geb.
Paraburi. Eine Sprachtraube. 64 S., brosch.
Herausgehoben. Notizen und Details. 196 S., brosch.
Die Psalmen Davids. Annäherungen. 192 S., brosch.
Die Psalmen 42–72. Annäherungen. 160 S., brosch.
Die Psalmen 73–106. Annäherungen. 192 S., brosch.
Die Psalmen 107–150. Annäherungen. 196 S., brosch.

Über den Autor liegt im Radius-Verlag vor:

Ernst Rudolf Rinke: *Der Weg kommt, indem wir gehen.* Theologie und Poesie der Zärtlichkeit bei Kurt Marti. 208 S., brosch.

Außerdem arbeitete der Autor an der von Walter Jens herausgegebenen Reihe *»Assoziationen. Gedanken zu biblischen Texten«*, an dem von Heinrich Albertz herausgegebenen Werk *»Die Zehn Gebote«* sowie an den von Peter Härtling herausgegebenen *»Textspuren. Konkretes und Kritisches zur Kanzelrede«* mit und veröffentlichte Beiträge in verschiedenen Ausgaben des RADIUS-Almanach.

Lieferbare Radius Bücher (eine Auswahl)

Heinrich Albertz: **Bremer Predigten.** 100 S., DM 18,–
Heinrich Albertz (Hrsg.): **Die Zehn Gebote.** Eine zwölfbändige Reihe. 108–160 S., je DM 25,–
Jürgen Brodwolf: **Stätten und Stationen.** 176 S., DM 128,–
Jürgen Brodwolf/Peter Härtling: **Zwanzig Transparentblätter/Fünfzehn Gedichte.** 120 S., DM 98,–
Ingeborg Drewitz: **Junge Menschen messen ihre Erwartungen aus...** 80 S., DM 16,80
Wolfgang Erk (Hrsg.): **Briefe von Brodwolf.** Sechzig Malbriefe aus 30 Jahren. 152 S., DM 128,–
Wolfgang Erk (Hrsg.): **Für Christoph Eschenbach.** Eine Festgabe. 152 S., DM 68,–
Wolfgang Erk (Hrsg.): **Für diesen Tag und für alle Tage Deines Lebens.** Ein Brevier. 128 S., DM 25,–
Wolfgang Erk (Hrsg.): **Hoffnungstexte.** Ermutigungen für jeden Tag. 240 S., DM 29,80
Richard Exner: **Ein Sprung im Schweigen.** Gedichte. 160 S., DM 24,–
Iring Fetscher: **Toleranz.** 98 S., DM 25,–
Iring Fetscher: **Utopien, Illusionen, Hoffnungen.** 312 S., DM 49,–
Joachim Garstecki: **Zeitansage Umkehr.** 160 S., DM 23,–
Werner Geist: **Vom Wert des Menschen.** 332 S., DM 39,80
Traugott Giesen: **Christsein praktisch.** 100 Proben Glaubensmut. 224 S., DM 28,–
Traugott Giesen: **glauben heilt.** 176 S., DM 28,–
Traugott Giesen: **Gott liebt Dich und braucht Dich.** 192 S., DM 28,–
Traugott Giesen: **Leben mit Lust und Liebe.** 180 S., DM 28,–
Traugott Giesen: **Schmerzlich – schön – wunderbar.** 212 S., DM 28,–
Traugott Giesen: **Vater unser in Ewigkeit. Amen.** 30 An-Reden. 184 S., DM 28,–
Helmut Gollwitzer: **Argumente.** 128 S., DM 14,80
Helmut Gollwitzer/Marquardt/Schulze: **...aus der Sklaverei befreit.** 128 S., DM 14,80
Janet und Paul Gotkin: **Zuviel Zorn, zu viele Tränen.** 288 S., DM 34,–
Hannah Green: **Aus freien Stücken.** 312 S., DM 36,–
Hannah Green: **Ich hab dir nie einen Rosengarten versprochen.** 240 S., DM 29,80
Hannah Green: **Wenn es Sommer wird.** 210 S., DM 19,80
Harald Gröhler: **Tetzner.** Eine Weihnachtsnovelle. 96 S., DM 22,–
Harald Gröhler: **Das verdoppelte Diesseits.** Gedichte. 100 S., DM 24,–
Gustav-Heinemann-Initiative: **Deutschland wohin?** 100 S., DM 16,80
Peter Härtling: **Brüder und Schwestern.** 80 S., DM 18,–
Peter Härtling: **Für Ottla.** 40 S., DM 18,–
Peter Härtling (Hrsg.): **Fundevögel.** Für Kinder von neun bis neunzig. 320 S., DM 36,–
Peter Härtling: **Noten zur Musik.** 80 S., DM 18,–
Peter Härtling (Hrsg.): **Textspuren.** Konkretes und Kritisches zur Kanzelrede. Acht Bände. Je ca. 260 S., bei Abnahme aller Bände je DM 26,–; einzeln je DM 29,80.
Peter Härtling: **Und hören voneinander.** 112 S., DM 19,80
Peter Härtling: **Zueignung.** 100 S., DM 18,–
Peter Härtling: **Fünfzehn Gedichte.** s. Brodwolf/Härtling
Peter Härtling/Arnulf Rainer: **Engel – gibt's die?** 28 Gedichte und 30 Übermalungen. 112 S., DM 98,–
Titus Häussermann (Hrsg.): **Ingeborg Drewitz.** Materialien. 180 S., DM 26,–
Leo Hartmann: **»... bis über die letzte Schwelle«.** Traumreisen in philosophische Gefilde. 144 S., DM 24,–
Gunnar Hasselblatt: **Äthiopien am Rande des Friedens.** 144 S., DM 19,80
Gunnar Hasselblatt: **Das geheime Lachen im Bambuswald.** 158 S., DM 19,80
Gunnar Hasselblatt: **Die Idylle der Despoten.** 128 S., DM 19,80
Gunnar Hasselblatt: **Leben und Sterben im Oromoland.** 128 S., DM 16,80
Gunnar Hasselblatt: **Nächstes Jahr im Oromoland.** 152 S., DM 16,80
Karl Herbert: **Kirche zwischen Aufbruch und Tradition.** 408 S., DM 29,–
Klaus-Peter Hertzsch: **Der ganze Fisch war voll Gesang.** 80 S., DM 14,–
Klaas Huizing: **Oberreit oder: Der Gesichtsleser.** Ein physiognomischer Roman. 120 S., DM 24,–
Hans Norbert Janowski: **Das Wichtigste in Kürze.** 80 S., DM 12,–
Walter Jens: **Am Anfang: Das Wort.** Das Johannes-Evangelium. 120 S., DM 19,80
Walter Jens: **Das A und das O.** Die Offenbarung des Johannes. 96 S., DM 19,80
Walter Jens (Hrsg.): **Assoziationen.** Gedanken zu biblischen Texten. Acht Bände: je 210–260 S., DM 29,80. Acht Bände im Schuber, komplett DM 192,–
Walter Jens: **Ein Jud aus Hechingen.** Requiem für Paul Levi. 60 S., DM 19,80
Walter Jens: **Juden und Christen in Deutschland.** 128 S., DM 19,80
Walter Jens: **Roccos Erzählung.** 40 S., DM 16,–
Walter Jens: **Und ein Gebot ging aus.** Das Lukas-Evangelium. 160 S., DM 19,80
Walter Jens: **Das weiße Taschentuch.** 32 S., DM 16,–
Walter Jens: **Die Zeit ist erfüllt. Die Stunde ist da.** Das Markus-Evangelium. 96 S., DM 19,80

Maria Jepsen: **Unten bleiben.** Reden einer Bischöfin. 160 S., DM 28,–
Aurel von Jüchen: **Jesus Christus und die Tabus der Zeit.** 144 S., DM 16,80
Otto Kaiser: **Ideologie und Glaube.** 160 S., DM 29,–
Christoph Klimke: **Der Test oder: Chronik einer veruntreuten Seele.** Erzählung. 96 S., DM 24,–
Paul Krauß: **Der ersehnte Tod.** 112 S., DM 17,–
Jo Krummacher: **WachZweige.** 80 S., DM 18,–
Jo Krummacher / Hendrik Hefermehl: **Ratgeber für Kriegsdienstverweigerer.** 240 S., DM 16,–
Günter Kunert (Hrsg.): **Dichter predigen.** 168 S., DM 24,–
Dieter Lattmann: **Die verwerfliche Alte.** Eine Geschichte aus unserer Zeit. 192 S., DM 32,–
Klaus Lefringhausen: **Wirtschaftsethik im Dialog.** 216 S., DM 29,–
Inge Leitz (Hrsg.): **frauen stimmen**. Für Hildegard Zumach. 200 S., DM 29,–
Hans Lenk: **MitterNachtsSonnenEnde.** 140 S., DM 24,–
Hans Lenk: **Prometheisches Philosophieren.** 160 S., DM 24,–
Hans Lenk: **Tagebuch einer Rückreise.** 128 S., DM 24,–
Winfried Leuprecht: **Der Versuch, aufrecht zu stehen.** 140 S., DM 23,–
Martin Lotz: **Evangelische Kirche 1945–1952.** Die Deutschlandfrage. 208 S., DM 36,–
Henning Luther: **Frech achtet die Liebe das Kleine.** 128 S., DM 24,–
Henning Luther: **Religion und Alltag.** Zu einer Praktischen Theologie des Subjekts. 336 S., DM 29,80
Kurt Marti: **geduld und revolte. die gedichte am rand.** 100 S., DM 16,–
Kurt Marti: **Die gesellige Gottheit.** 100 S., DM 26,–
Kurt Marti: **Gottesbefragung.** 180 S., DM 25,–
Kurt Marti: **Herausgehoben.** 196 S., DM 19,80
Kurt Marti: **Lachen, Weinen, Lieben.** 128 S., DM 25,–
Kurt Marti: **O Gott!** 210 S., DM 28,–
Kurt Marti: **Paraburi**. 60 S., DM 16,–
Kurt Marti: **Die Psalmen Davids.** Annäherungen. 192 S., DM 28,–
Kurt Marti: **Die Psalmen 42–72.** Annäherungen. 160 S., DM 28,–
Kurt Marti: **Die Psalmen 73–106.** Annäherungen. 192 S., DM 28,–
Kurt Marti: **Die Psalmen 107–150.** Annäherungen. 196 S., DM 28,–
Kurt Marti: **Red' und Antwort.** 128 S., DM 23,–
Kurt Marti: **Die Riesin. Roman.** 144 S., DM 28,–
Kurt Marti: **Schöpfungsglaube.** 100 S., DM 22,–
Kurt Marti: **Ungrund Liebe.** 60 S., DM 14,–
Gerhard Marcel Martin: **Vogel-frei.** Drehmomente der Christus-Begegnung. 152 S., DM 29,80
Gerhard Marcel Martin: **Werdet Vorübergehende.** 200 S., DM 29,80
A. M. Klaus Müller: **Leid – Glaube – Vernunft.** 96 S., DM 14,–
A. M. Klaus Müller: **Die präparierte Zeit.** 672 S., DM 49,–
A. M. Klaus Müller: **Das unbekannte Land. Konflikt-Fall Natur.** 600 S., DM 78,–
Leonie Ossowski: **Das Zinnparadies.** 64 S., DM 18,–
Marietta Peitz: **Ein fremdes Herz im Schwarm.** 120 S., DM 18,–
Marietta Peitz: **Die bunte Wirrnis der Dinge.** 160 S., DM 25,–
Marietta Peitz: **Gotteszahl und Tageseinmaleins.** 128 S., DM 25,–
Marietta Peitz: **Grün, wie lieb ich dich grün.** 128 S., DM 25,–
Marietta Peitz: **Ich sollt Lilien pflanzen, ehe ich gehe.** 120 S., DM 25,–
Marietta Peitz: **Rufus.** 180 S., DM 25,–
Marietta Peitz: **Sindhu, Tashi & Co.** Ein Hundetagebuch. 96 S., DM 25,–
DAS PLATEAU. Die Zeitschrift im Radius-Verlag. 6x jrl., je 48 S., DM 25,–; im Abo DM 120,–
RADIUS-Almanach. Fünfzehn Ausgaben. Jeweils 64 bis 160 Seiten, je DM 16,80
Hildegard und Fritz Ruoff: **Blicke und Bilder.** 2 Bände im Schuber 48,–; sign. DM 90,–
Hans Joachim Schädlich (Hrsg.): **Dichter predigen in Schleswig-Holstein.** 96 S., DM 24,–
Ulrich Schmidhäuser: **Entfeindung.** 92 S., DM 16,80
Ulrich Schmidhäuser: **Soll »Gott« nicht mehr »Herr« genannt werden?** 148 S., DM 24,–
Volker Sommer: **Yeti.** 48 S., DM 16,–
Lothar Steiger: **Von wahrer und falscher Resignation.** Predigten in Nachmärz 1990–1993. 128 S., DM 28,–
Iwan S. Turgenjew: **Mumu.** Neu übersetzt u. mit einem Nachwort versehen von Rolf-Dietrich Keil. 88 S., DM 24,–
Heinrich Vogel: **Gesammelte Werke.** 12 Bände (Sonderprospekt)
Angelika Vonier: **Nicht geboren, ich zu sagen.** Biblische FrauenGeschichten. 140 S., DM 28,–
Hanna Wolff: **Der eigene Weg.** 120 S., DM 26,80
Hanna Wolff: **Jesus als Psychotherapeut.** 180 S., DM 29,80
Hanna Wolff: **Jesus der Mann.** 200 S., DM 29,80
Hanna Wolff: **Neuer Wein – Alte Schläuche.** 240 S., DM 29,80

Preise in DM. Stand: Januar 1993. Änderungen vorbehalten.